CYBERBULLI AL TAPPETO-CYBERBULLIES TO THE MAT
Original title : Cyberbulli al tappeto. Piccolo manuale per l'uso dei social
Copyright©2016 Editoriale Scienza Srl, Firenze-Trieste
www.editorialescienza.it
www.giunti.it

Texts : ©2016 Book On A Tree Ltd / Teo Benedetti and Davide Morosinotto
Illustrations : ©2016 Book On A Tree Ltd / Jean Claudio Vinci
Graphic design by Alessandra Zorzetti

First published by Editoriale Scienza S.r.l., Firenze-Trieste, Italy
Published in the Korean language by arrangement with Editoriale Scienza S.r.l., Firenze-Trieste, Italy
Korean translation©2018 Mindbridge

이 책의 한국어판 저작권은 Icarias Agency를 통해 Editoriale Scienza S.r.l.과 독점 계약한 도서출판 마음이음에 있습니다.
저작권법에 의하여 한국 내에서 보호를 받는 저작물이므로 무단전재와 복제를 금합니다.

꼼짝 마! 사이버 폭력

초판 7쇄 발행 2022년 4월 30일

지은이 떼오 베네데띠, 다비데 모로지노또
그린이 장 끌라우디오 빈치   옮긴이 정재성
펴낸이 정혜숙   펴낸곳 마음이음

책임편집 이금정
등록 2016년 4월 5일(제2016-000005호)
주소 03925 서울시 마포구 월드컵북로 402, 9층 917A호(상암동, KGIT센터)
전화 070-7570-8869   팩스 0505-333-8869   전자우편 ieum2016@hanmail.net
블로그 https://blog.naver.com/ieum2018

ISBN 979-11-960132-9-5 74000
      979-11-960132-3-3 (세트)

이 책의 내용은 저작권법의 보호를 받는 저작물이므로 무단전재와 복제를 금합니다.
책값은 뒤표지에 있습니다.

어린이제품안전특별법에 의한 제품표시
제조자명 마음이음   제조국명 대한민국   사용연령 만 9세 이상 어린이 제품
KC마크는 이 제품이 공통안전기준에 적합하였음을 의미합니다.

꼼짝 마!
사이버 폭력

떼오 베네데띠,
다비데 모로지노또 지음
장 끌라우디오 빈치 그림
정재성 옮김

마음이음

1 안녕? 인터넷

인터넷 8
WWW 9
이메일 9
소셜 미디어 10
문자 메시지와 인터넷 전화 12
비디오 게임 13
거대한 네트워크 14

2 소셜 미디어 사용법

친구들과 수다 떨기
세상과 소통하기 18
비공개 소셜 미디어로
무엇을 할 수 있을까요? 20
공개 소셜 미디어로
무엇을 할 수 있을까요? 21
소셜 미디어 시작하기 23
네티켓 26
신중하게 글을 쓰세요 28

3 인터넷과 사생활

그 무엇보다 중요한 사생활 32
인터넷상의 사생활 33
개인 정보를 꼭 지키세요 34
인터넷은 영원해요 35
클라우드를 조심하세요 37
소셜 미디어와 사생활 38
누가 나를 태그했을까요? 40
항상 경계하고 조심하세요 41

4 사이버 폭력이 뭘까?

인터넷과 사이버 폭력 44
다양한 사이버 공격 46
학교 폭력과 사이버 폭력 48
사이버 장난 혹은 사이버 폭력? .. 49
나도 사이버 폭력 가해자? 50

차례

5 사이버 폭력 가해자의 가면을 벗겨라

내가 아는 사이버 폭력 가해자 ········ 56
전문적인 사이버 폭력 가해자 ········ 57

6 적극적인 방어법

외교적 접근 ········ 64
숨기기 ········ 65
삭제하기 ········ 66
정지하기 ········ 67
차단하기 ········ 68
그만두기 ········ 70
전략 세우기 ········ 71
인터넷 밖 현실에서
사이버 폭력 가해자와 맞서기 ········ 73
지나친 방어는 금물 ········ 74

7 수동적인 방어법

어디 갈지 결정하기 ········ 78
시스템을 항상
최신 버전으로 유지하세요 ········ 80
탈옥하지 마세요 ········ 81
보안 프로그램을 설치하세요 ········ 81
방화벽을 설치하세요 ········ 82
계정 정보를
주의 깊게 선택하세요 ········ 83
공개 범위를 주의하세요 ········ 85
다른 사람들의 말을 믿지 마세요 ········ 88
인터넷 밖 세상은
더욱 멋진 곳이에요 ········ 90

꼭 기억하세요! · 92
사생활 설정과 차단하는 방법 · 94

**인터넷 속 세상은 어떤 곳일까요?
디지털 세상은 현실 세계와 같을까요?**

이런 질문에 정확한 답은 없습니다.
하지만 한 가지 확실한 점은
인터넷 세상에는 위험한 것들도 많다는 것입니다.
그렇지만 인터넷은 탐험할 것이 무궁무진하게 많은
굉장한 세상이기도 하죠!

1 안녕? 인터넷

인터넷은 온갖 정보들로 가득해요.
인터넷은 재미있어요.
인터넷은 흥미로워요.
인터넷 세상은 놀라워요.

하지만 인터넷은 위험한 곳이기도 해요! 거미줄에 걸린 곤충처럼 위험에 빠지기도 쉽거든요.

길을 건널 때는 자동차가 없는지 주변을 살펴야 해요.
비행기에서 뛰어내릴 때는 낙하산 사용법을 알아야 하고요.
인터넷을 하려면 안전하게 탐험할 규칙을 알고 있어야 해요.
자, 책장을 넘겨 함께 살펴봐요!

인터넷

세상에는 수백만 대의 컴퓨터, 스마트폰, 태블릿 등이 있어요. 오랫동안 이 컴퓨터들은 서로 연결되지 않아서 정보를 나눌 수 없었어요.

그러다가 이 모든 컴퓨터들을 연결하는 인터넷이 만들어졌지요.

인터넷은 '상호 연결된 네트워크'를 말해요.
인터넷은 전 세계의 모든 컴퓨터를 연결하지요.

이 네트워크는 대부분 케이블로 구성되어 있어요. 과거에는 케이블이 전화선밖에 없었어요. 하지만 지금은 고성능 광섬유 케이블을 비롯해 인공위성, 무선 접속 등 다양한 방법이 생겨났지요. 인터넷으로 연결된 컴퓨터에는 서버라는 아주 특별한 것이 있어요. 서버는 엄마의 노트북이나 여러분의 태블릿이 서로 소통하도록 도와요. 예를 들면, 온라인 게임을 할 때 여러분이 하는 모든 것들은 서버와 연결돼요. 서버는 서버의 메모리 안에서 게임이 작동되게 하고, 여러분과 함께 게임을 하는 친구들의 컴퓨터 시스템끼리 소통을 조정해요. 서버 외에도 컴퓨터들이 서로 소통하기 위해서는 라우터가 필요해요. 라우터는 컴퓨터 메시지를 분석하고, 그 메시지를 인터넷에서 주고받을 수 있는 데이터 패킷*으로 변환시키는 기계예요.
상대방이 보낸 메시지가 데이터 패킷의 형태로 목적지에 다다르면, 다른 라우터가 받아서 읽고, 분석해서 원래의 메시지로 다시 변환시키지요.
이 모든 것들은 빛의 속도로 진행됩니다.

*데이터 패킷 : 메시지의 크기가 크면 인터넷을 통해 한 번에 보낼 수가 없다.
그래서 메시지를 나누어 보내는데, 이때 나누어 보내는 단위가 바로 데이터 패킷이다.

WWW

WWW는 World Wide Web
(범세계 통신망)을 의미해.

**WWW는 인터넷의 한 부분이에요.
사이트를 탐색하거나 단어, 이미지, 음악,
동영상 등을 찾는 데 사용돼요.**

World Wide Web(월드 와이드 웹)은 웹사이트들로 이루어져 있어요.
웹사이트는 콘텐츠를 관리하고, 이를 다른 컴퓨터에서 사용할 수
있도록 만들어 주는 서버예요. 이 콘텐츠를 보기 위해서는 브라우저라고
불리는 프로그램이 필요해요. 많이 사용되는 유명한 브라우저로는
인터넷 익스플로러(Internet Explorer), 크롬(Google Chrome),
사파리(Apple Safari), 파이어폭스(Mozilla Firefox) 등이 있어요.
웹사이트에 접속할 때 브라우저에 홈페이지 주소를 입력해요.
그러면 컴퓨터는 서버에 접속해 입력한 주소에 해당하는 특정 웹사이트의 접근을 요청하지요.
서버는 네트워크에 데이터를 보내 응답해요. 그리고 반대편에선 여러분의 컴퓨터가
그 데이터를 받아서 브라우저 창에 해당 내용을 보여 주지요.
웹의 장점은 모든 콘텐츠가 서로 연결되어, 링크를 클릭하면 이 웹페이지에서
다른 웹페이지로 이동이 가능하다는 거예요.

이메일 E-mail

**이메일 즉 전자 우편은, 사람들이 손편지를 썼던 것처럼
메시지를 주고받기 위해 만들어졌어요.**

이메일을 보내려면 수신자의 주소를 알아야 해요. 주소는 아이디와 '@' 기호
그리고 전자 우편함 이름으로 구성되어 있답니다. 전자 우편함은 메일을 작동시키고,
메시지를 등록하는 메일 서버를 지칭해요.

이메일을 보낼 때, 여러분은 전자 우편함 서버에 메시지를 맡겨요. 하지만 주의하세요. 이메일을 수신자만 읽을 수 있다고 생각하면 안 돼요. 전자 우편함 관리자가 여러분이 다른 사람에게 보낸 이메일을 읽을 수도 있답니다. 이런 일이 없게 하려면 이메일 대신 메시지를 보호할 수 있는 다른 시스템이나 프로그램을 이용해야 해요.

소셜 미디어

소셜 미디어는 전 세계에 있는 많은 사람들을 이어 주기 위해 만들어진 플랫폼*이에요.

소셜 미디어는 재밌고, 많은 기능과 장점이 있지만 위험하기도 해요. 이런 이유로 내부분의 소셜 미디어는 만 13세 이하 사용자들을 제한하지요.

*플랫폼 : 정보 시스템 환경을 만들고 개방하여 누구나 다양하고 방대한 정보를 쉽게 활용할 수 있도록 제공하는 기반 서비스.

페이스북

일부 미국 학교의 학생들은 첫 수업 시간에 연감이라는 앨범을 받아요. 연감에는 모든 학생들의 이름과 사진, 간단한 자기소개가 들어 있지요. 페이스북은 전 세계 15억 명이 넘는 사람들이 이용하는 온라인 연감과 같아요. 사용자는 온라인에 자신의 타임라인을 가지며, 이곳에 친구들이 읽을 수 있는 게시물을 작성할 수 있어요. 또한 다른 사람들이 쓴 글과 사진도 볼 수 있어요.

Twitter

트위터

페이스북이 온라인 앨범이라면, 트위터는 가상의 광장이라 할 수 있어요. 인터넷 사용자들은 이 가상의 광장에서 트윗(140자 제한이 있는 짧은 메시지)을 작성할 수 있어요. 트위터의 경우, 광장이 어마어마하게 크기 때문에 사람들이 동시에 여러 가지 이야기를 할 수 있어요.

그래서 주제를 구분하기 위해 해시태그(#)라는 기호를 사용하지요. 해시태그를 클릭하면, 특정 주제에 대해 이야기하는 모든 사람들의 트윗을 읽을 수 있어요. 사람들의 관심을 끄는 이야기를 하는 사람들에게는 팔로워*가 많이 생겨요.

*팔로워와 팔로잉: 팔로잉은 관심이 가는 특정 사람의 트윗을 구독해서 자신의 타임라인에서 모아 보는 기능이며, 자신의 트윗을 구독하는 사람들을 팔로워라고 부른다.

Instagram

인스타그램

인스타그램은 사진과 동영상을 공유하기 위해 만들어진 소셜 네트워크예요. 트위터처럼 사용자가 올린 사진과 동영상은 모든 사용자에게 공개되는데 마치 대규모 사진 전시회 같지요. 다른 사용자들이 자유롭게 댓글을 남길 수 있어요.

네이버 지식iN

네이버 지식iN

네이버 지식iN은 질문과 대답을 하는 소셜 네트워크예요. 사용자가 다른 사용자에게 질문하고, 답을 받을 수 있지요.

문자 메시지와 인터넷 전화 VoIP

이 기술을 이용하여 인터넷에서 메시지를 주고받고, 통화를 할 수 있어요.

소셜 미디어로는 새로운 사람들을 많이 만날 수 있지만, 문자 메시지와 인터넷 전화는 그렇지 않아요. 보통은 알고 지내는 친구와 연락하기 위해 사용하지요. 친구가 지구 반대편에 살아도 문제없어요. 이 서비스는 스마트폰에서 주로 이용한답니다.

카카오톡

문자와 음성 메시지, 사진, 동영상을 보내고, 전화까지 걸 수 있어요. 한 명뿐 아니라 동시에 여러 명에게도 문자 메시지를 보낼 수 있어요.

스카이프

멀리 떨어져 있는 사람에게 전화나 영상 통화를 걸 수 있어요. 그룹 통화뿐 아니라 메시지를 보낼 수도 있어요. 그룹 통화는 최대 25명까지 가능해요.

네이버 밴드

학교 같은 반, 스포츠 동아리 등 모임을 위한 공간을 만들 수 있어요. 같은 관심사를 가지거나, 같은 단체에 있는 친구들과 문자 메시지, 사진, 동영상을 공유해요.

Random Chat

랜덤 채팅앱

카카오톡, 네이버 밴드, 스카이프 등은 아는 사람끼리 대화를 나눌 수 있게 해요. 반면 랜덤 채팅앱은 전 세계 곳곳의 낯선 사람들과 무작위로 연결해 줘요. 이것은 상대방이 어떤 사람인지 모르는 상태에서 채팅을 하는 것이므로 위험할 수 있어요.

비디오 게임

비디오 게임은 인터넷으로 서버를 연결해 게임을 하는 다른 사람들과 통신할 수 있어요.

일대일 게임뿐 아니라 여러 친구들과 함께 게임을 즐길 수 있어요.
MMORPG(다중 사용자 온라인 롤플레잉 게임)로 알려진 몇몇 게임들은 천 명 또는 심지어 수백만 명이 동시에 함께할 수 있어요.
게임을 즐기면서 메시지를 주고받거나, 전략을 이야기하기 위해 음성 대화도 할 수 있지요. 그러는 가운데 위험한 낯선 사람들을 만날 수 있으니 늘 조심해야 해요.

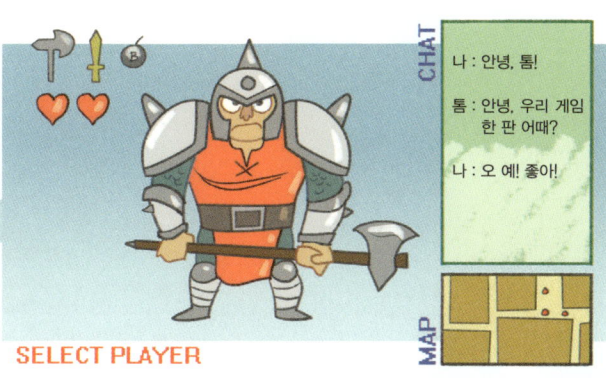

거대한 네트워크

**인터넷은 방대하고, 많은 플랫폼과 다양한 서비스들로 가득해요.
사용자들의 요구를 만족시키려고 이 모든 것들을 만들었지요.**

지금까지 인터넷의 일부분만 소개했어요.
소개하지 않은 것이 아주 많고, 앞으로도 계속 새로운 것들이 개발될 거예요.

인터넷은 매우 흥미롭고 복잡해요. 그렇기 때문에 사용하기 전에
어떻게 작동하는지 잘 이해하는 것이 중요해요.

**여러 인터넷 환경의 규칙들을 알아야 하고,
모든 상황에 대응할 수 있는 요령을 배워야 하지요.**

여러분이 큰 도시에 놀러 왔다고 가정해 봐요. 그 도시는 처음 와 본 곳이지요.
길을 걷다 보면 흥미롭고 재미난 곳을 발견하기도 하고,
또 위험한 곳을 마주치기도 해요. 인터넷도 마찬가지예요.
인터넷은 그야말로 세상에서 가장 큰 도시거든요.
지혜로운 사람은 낯선 곳과 새로운 것을 두려워하지 않아요.
새로운 장소에서 어떻게 행동해야 하는지,
무엇을 조심해야 하며, 위험에 처했을 때 어떻게
방어해야 하는지를 알아요. 또한 늘 컴퓨터 앞에만
앉아 있지 않으며 스마트폰, 태블릿, 컴퓨터를
필요할 때만 사용하고 운동도 규칙적으로 하지요.

2 소셜 미디어 사용법

우리는 소셜 미디어에서 많은 일들을 할 수 있어요.

- 친구와 수다 떨기
- 음악 공유하기
- 일하기
- 모임 만들기
- 놀기
- 새로운 언어 배우기
- 평화를 위해 노력하기
- 작품 선보이기
- 토론하기

친구들과 수다 떨기
세상과 소통하기

소셜 미디어와 인터넷이 제공하는 각종 서비스들은 용도가 각각 달라요.
아래 예를 통해 살펴볼게요.

1 비공개

비공개 시스템은 친구, 부모님 등 이미 알고 있는 사람들과 소통하기 위해 사용돼요. 비공개 소셜 미디어에는 페이스북, 카카오톡, 네이버 밴드 등이 있어요.

2 공개

공개 소셜 미디어는 전 세계 사람들과 의사소통하는 데 사용돼요. 세계 곳곳에 있는 모르는 사람들이 여러분이 말하는 것을 듣고, 응답할지도 몰라요.

페이스북은 어떤 설정을 하느냐에 따라 공개로도 비공개로도 할 수 있어요. 그 밖에 트위터, 인스타그램, 유튜브를 비롯해 모르는 사람들이 여러분이 올린 내용을 볼 수 있는 다른 모든 시스템들은 공개 소셜 미디어에 속해요.

페이스북은 왜 비공개와
공개 형식의 소셜 미디어 모두에 속할까요?

그 이유는 경계가 명확하지 않기 때문이에요.

페이스북에서는 개인적인 내용을 특정 그룹의 회원들만 볼 수 있게
할 수 있어요. 그렇지만 공개 페이지에서는 마치 길거리의 광고판처럼
모든 이들이 그 내용을 볼 수 있지요.

꼭 기억하세요!

인터넷이나 소셜 미디어에
내용을 올리기 전에 비공개로 할지 공개로 할지
스스로에게 늘 질문하세요.

중요한 규칙 : 소셜 미디어에서 일어나는 흔한 실수는 무엇이 비공개이고
공개인지 그 차이를 구분하지 못하는 데서 온답니다.

예를 들어 볼게요. 여러분이 한 친구를 물풍선으로 때리는 사진을 카카오톡에서 다른 친한
친구에게 보냈어요. 여러분과 사진을 공유한 친구들은 그 사진을 보고 웃을 수 있어요.
하지만 여러분이 이 사진을 반 대화방 또는 학교 전체 학생들에게 보낸다면,
물풍선을 맞은 친구는 기분이 상할지도 몰라요.

인터넷 밖에는 생각과 감정이 있는 개개인의 사람이 있다는 것을 언제나 기억해야 해요.
그들을 무시한 채 공개 소셜 미디어를 사용했다가는 큰일을 당할 수 있다는 걸 명심해야 해요!

비공개 소셜 미디어로 무엇을 할 수 있을까요?

비공개 소셜 미디어는 친구가 어디에 있든 소통할 수 있게 해 줘요.

비공개 소셜 미디어는 체육관이나 교실 같은 공개된 공간에서 이야기할 수 없는 주제들을 이야기하기에 좋은 장소예요.
여러분과 친구가 같은 아이돌 그룹을 좋아한다면, 비공개 소셜 미디어를 사용해 그 아이돌 그룹에 대해 이야기할 수 있어요. 주변의 방해 없이 말이죠.

비공개 소셜 미디어로 무엇을 할 수 있나요?

예를 들면, 반 그룹을 만들 수 있어요.

어떤 내용으로 만들까요?

비공개 공간에서는 어떤 내용이든 이야기할 수 있어요.

여러분은 이 그룹 안에서 반 친구들과 현장 학습이나 기타 다른 관심사를 이야기할 수 있어요. 또는 숙제를 함께할 수도 있어요. 하지만 먼저, 반 그룹을 만들기 전에 여러분이 원하는 것이 무엇이고, 어떤 걸 이 그룹에서 할 것인지를 결정해야 해요.
이를 통해 어떤 소셜 미디어가 여러분이 원하는 것을 하기에 가장 적합한지 결정할 수 있어요.

문자 메시지와 사진을 보낼 때에는
카카오톡이나 네이버 밴드 등을 사용하세요.

관심 있는 웹사이트와 동영상 링크를 공유할 때에는
페이스북에서 다른 사람들에게 보이지 않는 비밀 그룹을 만들고,
여러분이 초대한 사람들만 접근할 수 있도록 하세요.

과제나 문서를 공동 작업할 때에는
구글 문서에서 온라인 문서를 만들어 친구들과 공유하세요.
친구들끼리 이 문서를 작성하고 수정할 수 있으며, 어떤 내용을 작업했는지
실시간으로 볼 수 있어요.

공개 소셜 미디어로 무엇을 할 수 있을까요?

작가나 사진작가 혹은 스타를 꿈꿔 본 적이 있나요?

지금은 소셜 미디어를 통해 자신을 공개적으로
드러내고 소개하는 시대예요. 공개 소셜 미디어는
동영상, 음악, 의견, 이야기, 시, 사진 등을 전 세계 사람들과
공유하는 데 아주 유용한 도구지요.
소셜 미디어를 공개적으로 활용해 얼굴도 모르고, 만난 적도 없는
전 세계 사람들과 직접 이야기할 수 있어요.

공개 소셜 미디어에서는 어떤 내용이든 다 공개하나요?

여러분이 학급 신문을 만들었다고 해 봐요.
학급 신문은 모두에게 공개되어 있어 부모님이나 선생님도 읽을 수 있어요.
그렇기 때문에 어떤 내용을 공개할지 잘 생각하고 결정해야 해요.

왜 신중하게 결정해야 하나요?

학급 신문(또는 가족 신문이나 동네 신문)은 여러 사람에게
여러분이 중요하다고 생각하는 것을 말하는 하나의 방법이에요.
신문에 반 대항 축구 대회 결과를 알릴 수도 있고,
또 동네의 아름다운 풍경을 찍은 사진을 게시할 수도 있어요.
이때 가장 먼저 해야 할 일은 학급 신문 편집진들과
어떤 내용을 공개할지 의견을 나누고 결정하는 것이에요.

라디오 방송을 구축하려면, 컴퓨터에 마이크만 연결하면 팟캐스트를 구축할 수 있어요.
팟캐스트는 웹에 올려 두는 에피소드 단위의 라디오 방송이며,
인터넷을 통해 모두에게 공개되지요. 사람들은 이 팟캐스트를 구독하고,
새로운 에피소드가 올라오면 알림을 받을 수 있어요.

동영상을 공유하려면, 동영상을 올릴 때 초상권에 주의하세요. 동영상에 나오는
사람들의 동의 없이 동영상을 올릴 경우 사생활을 침해할 수 있답니다.

웹사이트 링크, 짧은 글, 의견 등을 올리거나 다른 사람들의 의견을 읽으려면,
페이스북을 이용하세요. 하나의 웹사이트처럼 쉽게 관리할 수 있답니다.

사진을 보여 주고 싶다면, 인스타그램에 올리는 것이 좋아요.

소셜 미디어 시작하기

이제 소셜 미디어를 시작할 준비가 되었나요? 관심 있는 소셜 미디어도 골랐고, 어떻게 사용할지도 정했다면, 이제 소셜 미디어의 문을 열고 들어가세요.

1단계 계정 만들기

페이스북이나 카카오톡, 네이버, 구글을 이전에 사용해 본 적이 없다면 먼저 계정부터 만들어야 해요. 바로 여러분의 아이디(ID)를 해당 시스템에 만드는 것이지요.
이때 이름, 사는 곳, 생년월일 등 약간의 개인 정보를 입력해야 해요.
계정을 만들 때는 어른과 함께하세요. 왜냐하면 개인 정보 공개는 위험한 일이기 때문이에요. 3단원에서 이에 대해 좀 더 자세히 이야기할게요.
많은 소셜 미디어는 만 13세 미만인 경우 가입을 금지해요. 그러니 생년월일을 속이고 가입하지 마세요. 여러분이 12세이거나 그보다 더 어리다면 만 13세가 될 때까지 기다리세요.
그래도 사용하고 싶다면, 부모님이나 선생님께 도움을 요청하세요. 어른들의 감독 아래 소셜 미디어 사용법을 배우는 좋은 기회가 될 수 있을 거예요.

개인 정보를 입력한 후, 계정을 만들기 전에 정해야 할 두 가지 중요한 게 있어요. 바로 사용자 이름과 비밀번호지요.

사용자 이름은 해당 시스템에서 여러분이 누구인지 알게 해 줘요. 보통 이메일 주소가 사용자 이름에 해당하지요. 시스템은 사용자 이름을 통해 메시지도 보낼 수 있고, 여러분이 누군지도 알아요. 때로는 소셜 미디어에서 다른 사람들이 여러분을 사용자 이름으로 부르기도 해요.

예를 들면, 트위터에서 사용자 이름은 앞에 기호 '@'가 붙어요.
니모와 이야기를 나누고 싶을 때는 '@니모'라고 쓴 후 내용을 입력하지요.
비밀번호는 시스템을 안전하게 만들고,
다른 사람이 여러분의 이메일 주소를 이용해
거짓으로 여러분인 척하는 일을 막아요.

2단계 다른 사람들이 올린 것들 살펴보기

다 알고 있다고 생각하지 마세요.
빠뜨리고 넘어간 중요한 정보가 있을지도 모르거든요.

여러분의 머릿속에 떠오른 것을 인터넷에 올리기 전에 한 번 더 생각해 보세요.
그리고 소셜 네트워크 사용법을 잘 이해했는지, 빠뜨린 것은 없는지 살펴보세요.

서두르지 말고 차근차근 살펴보기
모든 소셜 네트워크에는 고유 규칙이 있어요. 그리고 그 규칙은 아주 빠르게 변해요.
그러므로 언제나 꼼꼼하게 살펴보아야 하며, 모든 것을 그대로 받아들이면 안 돼요.
인터넷은 다른 사람들과 정보와 의견을 나누는 곳임을 기억하세요.
다른 사람들이 무엇을 인터넷에 올렸는지 관심을 갖고 차근차근 살피는 습관을 가지세요.
잘 둘러본 다음에는 여러분이 좋아하는 것에 댓글을 달아 보세요.
거의 모든 소셜 네트워크에는 동영상이나 사진 또는 글 아래에 여러 사람이 자기 생각을
표현할 수 있도록 댓글 기능이 있답니다.

댓글 쓰기와 네티켓
때로는 댓글을 달다가 치열한 토론이 벌어지기도 해요. 누구는 웃기려 하고,
누구는 화를 내지요. 다행히 댓글을 잘 쓰도록 도와주는 '네티켓'이라는 규칙이 있어요.
네티켓에 대해서는 뒤에서 자세히 이야기할게요.

3단계 글쓰기

소셜 네트워크의 시스템은 각각 그 기능이 달라요.
많은 비공개 소셜 미디어에서 글쓰기는 보통 즉각적으로 실행돼요.
예를 들면, 카카오톡은 가입할 때 휴대전화 번호와 이메일 주소만 입력하면 돼요.
카카오톡에서 그룹을 만들어 친구들을 초대한 후, 메시지를 작성해
'전송' 버튼을 누르는 순간, 바로 친구들의 휴대전화로 메시지가 전송되지요.

페이스북 계정을 만들었다면 자기 페이지를 관리해야 해요.
그곳은 여러분만의 개인적인 공간이에요. 다른 사람들이
페이스북을 통해 여러분과 연락하며 지내려고 할지 몰라요.
그러니 사람들이 여러분 페이스북 페이지를 방문했을 때
즐겁고 환영받는 분위기를 느꼈으면 좋겠지요?
자, 그러려면 우선 프로필 사진을 골라야 해요.
자기를 표현하는 데 적합한 사진을 선택해 사용하세요.
그리고 개인 정보를 어느 정도까지 입력할지
결정해요. 보통 다니는 학교나 사는 곳 등을 입력하지요.
하지만 다음 단원을 읽기 전까지 더 이상 개인 정보를
공개하지 말고 기다려 주세요. 절대 서두르지 마세요.
시간은 얼마든지 있답니다.
예를 들어 학교 신문을 만들고 있다면, 신문에 넣을
내용을 신중하게 준비해야 해요. 동영상을 만들거나
라디오 프로그램의 내용을 만드는 것은 쉽지 않아요.
원하는 대로 완성되기까지 여러 번 고치고 다듬어야 해요.
여러분이 만든 콘텐츠를 공개하기 전에 형제나 부모님
또는 선생님에게 보여 주고 그들이 어떤 반응을 보이는지
살피세요. 다양한 분야에 식견이 있는 주변 사람에게
보여 주고 평가를 받는 것도 좋은 방법이에요.

> 하지만 일반적으로, 다른 소셜 미디어에서 글쓰기를 할 때는 절차가 좀 더 복잡해요.

베타 테스터
심지어 웹사이트들과 유튜버(유튜브 사용자)도 이러한 준비 과정을 거친 후에 콘텐츠를 공개해요. 공개되기 전에 먼저 시험해 보는 사람들을 베타 테스터라고 해요.

내가 아닌 다른 사람들이 만족할 정도라면 아주 잘 만든 것이니까요!
소셜 미디어를 시작하기 전에 해야 할 게 많다고 걱정하지 마세요.
많은 사람들이 소셜 미디어를 통해 유명해졌을 뿐 아니라, 음악, 사진, 동영상을
제작해서 자기가 가진 예술적 능력을 드러내고 있어요.
그런 사람들은 모두 소셜 미디어를 통해 다른 사람들과 대화할 줄 알고,
사람들이 관심을 가질 만한 것들을 인터넷을 통해 제공한답니다.
여러분도 얼마든지 그렇게 할 수 있어요.
어떤 것이 적절한지 결정할 수 있는 올바른 판단력을 가지기만 하면 돼요.
잠깐! 아직 글이나 영상을 올리면 안 돼요.
그 전에 네티켓에 대해 알아야 하거든요!

네티켓

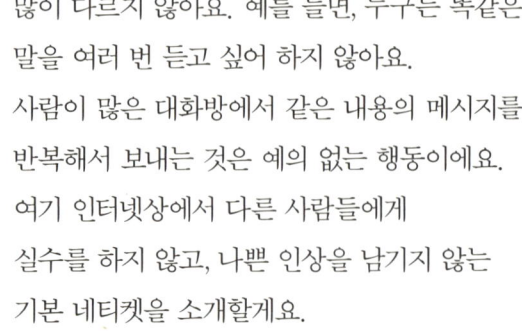

인터넷상에서 지켜야 할 상식적인 예절

온라인에서 어떻게 행동해야 하는지에 대한 예절과 규칙들이 있어요.

네티켓은 '네트워크'와 '에티켓'의 조합어예요. 네티켓은 소셜 미디어 사용을 위한
일련의 지침이고, 사용자들이 인터넷상에서 예의 바르게 행동하도록 도와요.
네티켓은 인터넷상의 예절과 규칙이지만 현실 세계의 것과
많이 다르지 않아요. 예를 들면, 누구든 똑같은
말을 여러 번 듣고 싶어 하지 않아요.
사람이 많은 대화방에서 같은 내용의 메시지를
반복해서 보내는 것은 예의 없는 행동이에요.
여기 인터넷상에서 다른 사람들에게
실수를 하지 않고, 나쁜 인상을 남기지 않는
기본 네티켓을 소개할게요.

- 비공개 그룹에 들어가면, (예를 들면 페이스북에서) 자기를 소개해야 합니다.
  "안녕!", "여러분 안녕하세요." 정도면 좋아요.

- 댓글을 쓰고 싶다면, 주제를 바꾸거나 주제 이외의 내용에 대해 이야기하지 않도록 하세요.
  만약 친구 생일 선물로 친구가 좋아하는 아이돌 그룹이 프린트된 티셔츠를 사 주는 것에
  대해 이야기하고 있다면, 여러분이 좋아하는 다른 가수 이야기를 꺼내지 마세요.
  현재 이야기 주제는 생일 선물이고, 여러분의 음악 취향에 관한 것이 아니니까요.

- 똑같은 내용을 반복해서 보내지 마세요.

- 줄임말을 피하세요. 인터넷상에서 빨리 그리고 편하게 쓰기 위해 줄임말을 많이들 사용해요.
  예를 들면, 우리나라에서 '생선'은 '생일 선물', '엄빠'는 '엄마 아빠'의 줄임말이에요.
  영어에서 'lol'(laughing out loud 크게 웃다의 줄임말)은 웃길 때 사용해요.
  줄임말은 편리하지만 지나치게 많이 쓰는 것은 무례하고 유치해 보일 수 있어요.
  좀 더 예의 바르고 성숙해 보이고 싶다면, 단어 전체를 쓰세요.

- 자기가 올린 내용을 과도하게 홍보하지 마세요. 만약 파올로가 40번이나
  "내 프로필에 올린 사진을 보러 와."라고 친구들에게 메시지를 보낸다면,
  오히려 역효과를 내 아무도 그의 링크를 클릭하지 않을 거예요.
  이러한 종류의 반갑지 않은 광고를 스팸이라고 해요.

- 표절하지 마세요. 다른 사람이 멋진 트윗을 썼거나 훌륭한 사진을 올렸을 때,
  그들의 콘텐츠를 자기 것인 양 하지 마세요. 대신, 그 트윗의 링크를 공유하거나,
  누가 이야기했는지, 어느 사람이 사진을 찍었는지 확실히 해 두세요.
  이런 행동으로 소셜 미디어 공간에서 새로운 친구를 만들 수 있어요.

- 거듭 강조하지만, 인터넷에 내용을 올리기 전에 한 번 더 생각하세요.
  인터넷상에서는 아무도 여러분의 얼굴을 볼 수 없고, 여러분의 목소리도 들을 수 없어요.
  그래서 쉽게 오해받을 수 있다는 것을 기억하세요.

네티켓을 지키지 않으면 어떻게 될까요?

축구 경기에서 반칙을 하면 옐로카드를 받듯이, 소셜 미디어에서 네티켓을 지키지 않으면 그룹이나 대화방에서 활동이 일시적으로 정지될 수 있어요. 더 심각한 경우에는 강제로 그룹에서 제외되기도 해요.

[**네티켓 읽기**
개별 소셜 네트워크에 국한된 네티켓은 종종 FAQ(또는 자주 묻는 질문들)나, 도움말이라는 페이지에 설명되어 있어요. 소셜 네트워크를 처음 사용할 때 이들 페이지를 꼼꼼하게 읽어 보세요.]

신중하게 글을 쓰세요

소셜 미디어는 아주 강력한 도구이고, 마치 찰흙처럼 여러분의 취향에 맞게 자유롭게 디자인될 수 있어요.

하지만 꼭 기억하세요!

여러분이 온라인에 올린 매우 간단한 댓글이라도 인터넷상에 영원히 남게 될지 몰라요. 그리고 그것을 누구나 읽게 될 수 있어요.

그러니 키보드를 치기 전에 영원히 남아도 될 만한 글인지 신중하게 생각하세요!

인터넷을 자유롭게 돌아다니고
소셜 미디어와 다른 많은 기능들을 사용하려면
계정을 만들어야 해요.

**계정을 만들 때
이름이 필요해요.**
어떤 이름을 선택해야 할까요?

모든 계정은
똑같지 않아요.

계정들은
용도에 따라 달라요.

3 인터넷과 사생활

개인 계정
사용자가 자신의 실제 이름을 써요.

가명 계정
사용자가 지어낸 이름을 써요. 예를 들면, 달타냥14 같은 거요.

가짜(Fake) 계정
영어로 페이크(fake)는 거짓을 의미해요. 사용자가 다른 사람의 이름을 사용해 인터넷상에서 그 사람인 척 흉내 내는 것을 말해요. 많은 나라에서 다른 사람의 신원을 훔치는 것을 법으로 금지하고 있어요.

공유 계정
한 명 이상의 사람들에 의해 (때로는 동시에) 사용돼요. 학교, 도서관과 같이 단체나 기업에 속한 계정들이 공유 계정을 사용해요. 또는 가수나 유명한 운동선수의 팬 페이지도 공유 계정을 사용해요. 일을 돕는 분이 공유 계정을 사용해 팬들에게 답장을 써 주기도 하지요.

왜 여러분은 모든 계정에 같은 이름을 사용하지 않나요?
: 다양한 이유가 있지만, 그중 한 가지 답을 한다면……

> 내 사생활을 지키고 싶어서입니다.

그 무엇보다 중요한 사생활

**모든 사람들은 일상생활에서 이런 말을 흔히 해요.
TV에 나오는 연예인, 부모님과 형제 자매,
어쩌면 학교 친구들까지도요.**

엄마가 책을 읽으러 방에 들어가면서
방해받지 않기 위해 말합니다.
"방해하지 말아라."
동생의 휴대전화에 있는 문자 메시지를
읽으려고 하면 동생은 소리칩니다.
"오빠는 내 사생활을 침해하고 있어."

> 그런데 사생활은 무엇인가요?

좋은 질문입니다. 사생활은 공개하고 싶지 않은
정보를 비밀로 유지하는 권리예요.
참견하기 좋아하는 다른 사람들로부터
귀찮아지지 않기 위해서 말이지요.
대한민국 헌법 제17조에 따르면,
모든 사람들은 사생활을 가질 권리가 있어요.
이것은 사람들이 자유롭게 일부 비밀을
가질 수 있고, 다른 사람에게 무엇을 알려 주고,
또 무엇을 알려 주지 않을지 결정할 수 있는 것을
의미해요. 그러므로 아무도 여러분의 일기장을
허락 없이 볼 수 없어요. 만약 누군가 그랬다면,
여러분은 항의할 권리가 있어요.

> 대부분의 부모님이 비밀을 아는 게 아이를 위한 것이라고 생각해요. 그래서 필요 이상으로 아이의 사생활을 알고 싶어 해요. 이럴 때 여러분은 부모님께 사생활을 가질 권리에 대해 공개적으로 이야기할 수 있어요. 이 기회에 여러분 가족만을 위한 '가족 사생활 규칙'을 함께 만들어 보면 어떨까요?

인터넷상의 사생활

인터넷상에서 개인 정보를 지키려면 더욱 조심해야 해요.

인터넷이 작동하기 위해서는 각각의 메시지들이 여러 컴퓨터를 통해 전송되고 또 재전송되어야 해요.

친구와 채팅할 때 여러분의 메시지는 통신사의 데이터 센터로 가고, 그 메시지는 또 다른 센터들로 보내지고, 최종적으로 메시징 시스템 서버들로 보내져요. 그다음 그 메시지가 다시 동일한 과정으로 여러 데이터 센터를 거쳐 친구에게 전달되는 것이지요.

이 모든 과정은 여러분이 볼 수 없는 곳에서 아주 빠르게 일어나요. 이 시스템은 여러분의 메시지를 받아 수신자에게 보내요. 그리고 그 과정에서 메시지는 저장되고, 수집되어, 보관될 수 있어요.

인터넷상뿐만 아니라 실생활에서도 매일 개인 정보와 관련된 일이 일어나요. 누군가와 이야기할 때 여러분이 한 말이 다른 사람들에게 전해질 수 있어요. 그래서 종종 상대방에게 비밀로 지켜 달라고 당부하기도 해요.

하지만 실생활에서 개인 정보를 다루는 것은 인터넷만큼 복잡하지 않아요. 여러분이 어떤 아이돌 그룹을 좋아하는지 반 친구들이 모두 알고 있을 수는 있지만, 같은 반에 있는 사라나 매튜를 좋아하는 것을 아는 사람은 친한 친구뿐인 것처럼 말이지요.

하지만 인터넷에서 개인 정보를 지키려면 조심하고 또 주의해야 해요.

매일 여러분은
- 이메일을 쓰고
- 글이나 동영상에 댓글을 달고
- SNS에 글을 쓰거나 좋아요를 누르고
- 온라인 게임을 하고
- 사진을 올리고
- 친구와 영상 통화 등을 해요.

여러분이 보낸 정보를 누가 읽게 될지 알기란 쉽지 않아요. 인터넷상에서의 위험은 여러분의 비밀 일기장을 모든 사람들이 볼 수 있다는 점에 있어요. 여러분이 모르는 사이에 비밀 일기장의 내용이 보관되어 다른 곳에서 사용될지도 모르고요.

소셜 미디어도 사용하고, 인터넷 탐색도 하고 싶은데
개인 정보를 보호하려면 어떻게 해야 할까요?

가능한 한 최소한의 정보만 온라인에 올리세요.

여러분이 남자인지 여자인지, 혹은 어디 사는지를 온라인 게임 친구들이 꼭 알아야 할까요?
온라인 게임을 하는 데는 여러분이 지어낸 '토네이도 17' 같은 닉네임만 있으면 되지요.
주변 친구들에게 여러분의 게임 닉네임을 알려 주는 건 괜찮아요.
토네이도17이 사실 나라는 것을 친구들이 알 수 있게요. 그러나 꼭 기억하세요!
개인 정보는 소중하고, 반드시 보호해야 한다는 걸요.

개인 정보를 꼭 지키세요

개인 정보는 당신이 누구인지 다른 사람들이 알도록 허락하는 거예요.

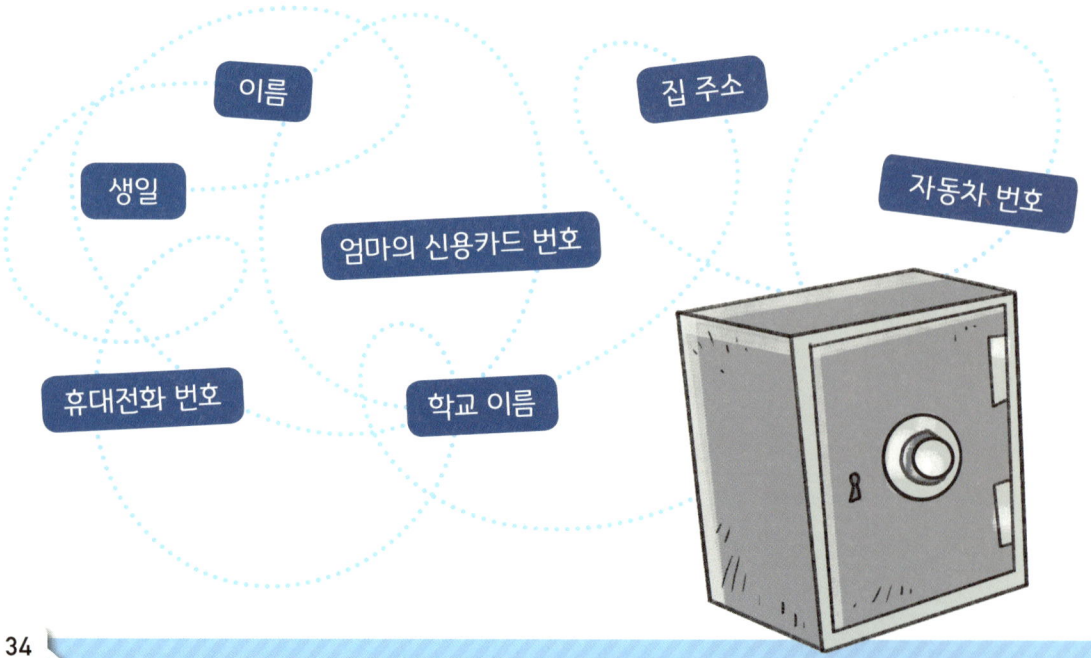

하지만 아래와 같은 정보라면 다른 사람들에게 알려도 괜찮아요.

국적과 인종
(한국인인지, 그 밖의 다른 나라 사람인지 등)

종교
(가톨릭교, 기독교, 무슬림, 무신론자인지 등)

가입해서 활동하고 있는 단체

취미 또는 좋아하는 것

개인 정보를 잘 지키지 못하면 여러분은 지렁이처럼 발가벗겨질 거예요. 개인 정보는 아주 중요해요. 왜냐하면 개인 정보를 이용해 다른 사람들이 여러분을 검색해 알아내고, 심지어 찾아낼 수 있기 때문이에요. 이는 인터넷에서뿐 아니라 실생활에서도 마찬가지예요.

인터넷은 영원해요

인터넷은 마치 모든 종류의 정보가 저장된 거대한 지하 창고와 같아요.

문제는 여러분이 그 지하 창고를 여는 열쇠를 가지고 있지 않다는 거예요. 그리고 특정 정보를 없애 버렸다고 해도 누군가가 그 정보를 복사해 다른 어떤 곳에서 보관하고 있어도 여러분은 절대 알 수 없다는 거예요. 예를 들어, 세 살 때 해변에서 찍은 여러분의 부끄러운 사진을 이모가 페이스북에 올렸다고 가정해 봐요. 그 사진은 바다 건너 미국 캘리포니아에 있는 서버에 저장될 수도 있어요. 또 여러분이 온라인 게임 친구와 나눈 후 삭제한 대화가 홍콩에 있는 누군가의 컴퓨터에 여전히 저장되어 있을지도 모르고요.

인터넷을 사용할 때 명심해야 할
또 하나의 규칙이 있어요.

**광장에 전시되는 것을 보고 싶지 않다면,
온라인에 정보를 함부로 올리지 마세요.**

인터넷은 정말로 광장 같아요. 사실 광장보다 인터넷이 훨씬 크지만요. 여러분이 인터넷상에서 비밀 대화를 나눴다 해도 누군가 그 내용을 들을지 몰라요. 심지어는 누군가 그 비밀 대화를 우연히 10년 혹은 15년 후에 찾을 수도 있어요.

만약 무엇인가를
온라인에서 공유하고 싶다면,
공유하기 전에 다음 질문을
자신에게 해 보세요.

창피한 내용인가요?

댓글이나 사진, 동영상을 친구나 부모님, 할아버지와 할머니, 선생님들이 보면 부끄러울까요?

위험한 내용인가요?

친구가 여러분의 숙제를 베꼈다는 글을 선생님이 읽는다면, 친구가 곤경에 처하게 될지도 몰라요. 여러분의 집 주소가 알려진다면 모르는 사람에게 악용될 수도 있고요.

내가 한 일을 책임질 수 있나요?

웃긴 사진과 재밌는 영상을 여러분이 찍었다고 해 봐요. 하지만 여러분이 그 사진을 찍었다는 것을 다른 사람들이 알기를 원하나요? 인터넷에서 누가, 언제, 무엇을 했는지 발견하기란 매우 쉬워요.

먼 훗날에 봐도 괜찮은 내용인가요?

초등학교 저학년 때, 여러분이 친구에게 장난을 쳤다고 해 봐요. 그 친구를 포함해 주변 모두가 웃었죠. 하지만 나중에 좀 더 컸을 때 그때의 사진을 다시 보면 어리석어 보일 수도 있어요. 그리고 더 나이가 들어 그 사진을 보면 부끄러워질지도 모르지요. 인터넷에 올린 정보는 영원하다는 것을 기억하세요.

클라우드를 조심하세요

**온라인에서 무엇을 공유할지
조심하는 것만으로는 부족해요.**

여러분 모르게 여러분의 비밀을 폭로하는 스파이가 인터넷에 있을지도 몰라요. 이 스파이는 선글라스를 쓰고, 여러분을 피해 몸을 숨기거나 하지 않아요. 여러분 주머니나 가방 또는 손이 닿는 곳 가까이에 있지요. 바로 스마트폰이에요.

여러분이 사진을 찍거나 주소록에 전화번호를 추가할 때마다, 스마트폰 메모리뿐 아니라 지구 반대편에 있는 서버에도 저장돼요. 바로 클라우드라는 기술을 이용해서 말이지요.

클라우드는 매우 유용해요. 예를 들면, 스마트폰이 갑자기 고장 났을 때 사진이나 주소록을 잃어버리지 않도록 해 줘요. 하지만 한편으로는 사생활이 유출될 수 있어 위험하기도 하지요. 여러분이 깨닫지 못하는 사이에 인터넷에 중요한 정보를 올릴 수도 있기 때문이에요.

그렇기 때문에 기기들을 사용하는 데 있어 항상 주의를 기울여야 해요. 또한 새 스마트폰을 구입했을 때 맨 처음으로 해야 할 일은 설정을 바꾸고, 여러분의 사생활을 원하는 방식으로 보호할 수 있게 확인하는 거예요.

컴퓨터, 태블릿, 스마트폰은 **클라우드***라고 알려진 기술을 사용해요.

*클라우드 : 소프트웨어와 데이터를 인터넷과 연결된 중앙컴퓨터에 저장해서, 인터넷에 접속하기만 하면 언제 어디서든 데이터를 이용할 수 있다.

소셜 미디어와 사생활

Facebook 페이스북

페이스북에 글이나 영상을 올릴 때, 여러분은 아래 다섯 가지 설정 중 하나를 선택하여 누가 여러분의 게시글을 보고, 댓글을 남기고, 공유할 수 있을지 결정할 수 있어요.

전체 공개

여러분을 알든 모르든 누구라도 여러분의 게시글을 볼 수 있어요.

친구만

오직 여러분의 친구들만 게시글을 볼 수 있어요.

친구의 친구

게시글이 여러분의 친구뿐 아니라 친구의 친구들(심지어 그들이 여러분의 친구가 아닐지라도)까지 볼 수 있어요.

나만 보기

여러분과 페이스북 기술자들을 빼고, 그 누구도 여러분의 게시글을 볼 수 없어요. 이 설정은 글을 써 놓고, 인터넷에 올릴 만한 건지 확신할 수 없을 때 사용하면 좋아요. 또한 다른 사람들이 볼 수 없게 한 채로 그 글에 대해 좀 더 생각하고 싶을 때 쓰는 유용한 설정이에요.

사용자 지정

공개 범위를 개별적으로 지정하여 누가 무엇을 볼 수 있는지 결정할 수 있어요. 만약 내가 활동하고 있는 운동 팀에 관한 내용을 게시할 때 반 친구들 모르게 하고 싶다면, 사용자 지정에서 반 친구들이 해당 게시글을 볼 수 없게 할 수 있어요.

페이스북에서는 다양한 설정 단계를 이용해서 개인 정보를 관리할 수 있어요. 검색 엔진에 나타나게 할지, 안 나타나게 할지, 어떤 이미지를 보여 줄지, 누가 여러분에게 친구 요청을 할 수 있는지까지도요.

타임라인 항목에서는 여러분의 타임라인에 누가 글을 쓰고 태그를 달 수 있을지 결정할 수 있어요. 여러분을 귀찮게 하는 어플리케이션이나 사용자들이 있으면 같은 메뉴에 있는 차단 섹션을 클릭해 차단할 수 있어요. 아주 편리하죠?

페이스북의 개인 정보 설정 기능을 적절하게 잘 이용하더라도 비밀이 100% 안전하게 지켜지는 것은 아니에요. 여러분이 친구(또는 목록에 있는 사람들)에게 쓴 메시지를 누군가가 읽고 그 메시지를 다른 사람들에게 공유하는 것까지 막을 방법은 없으니까요. 그러니 자기가 한 말이 인터넷에 돌아다니기를 원하지 않는다면 글을 남길 때 신중 또 신중하게 행동하세요.

Twitter
트위터

트위터는 다른 소셜 네트워크보다 특히나 더 개방되어 있어요.

트위터를 시작하는 것은 모든 사람들이 무엇이든 찾아낼 수 있는 아주 북적한 아파트 건물로 입주하는 것과 같아요. 이곳은 비밀스런 장소가 절대 아니지요. 그러다 보니 트위터에서는 때로는 무례한 다른 사용자들을 마주칠 수도 있어요.

트위터에서도 페이스북에서처럼 여러분의 글(트윗)을 비공개로 만들 수 있어요. 하지만 이 설정을 이용하는 사람은 거의 없어요. 트위터는 사용자 간의 계속적인 공유를 위한 공개된 장소이기 때문에 사적인 대화를 원하는 사람들은 보통 다른 소셜 네트워크를 선택하지요.

트윗을 비공개로 하는 것 이외에, 원한다면 삭제할 수도 있어요.

누가 나를 태그했을까?

조심해서 사용해야 할 가상 꼬리표

태그는 사진 속 사람들이 누구인지 표시하기 위해 페이스북에서 개발한 시스템이에요. 이후 태그는 영상과 글에까지 빠르게 확장되어 사용되고 있어요.

왼쪽 사진 속 태그는 해변에서 친구들과 웃고 있는 소년이 루카스라는 것을 알려 줘요. 태그 시스템은 공개적으로 흥미로운 것을 공유하기 위해 아주 다양한 방식으로 사용돼요. 예를 들면, "파올로, 내가 찾은 걸 봐 봐!" 이런 내용으로 페이스북에서 파올로가 태그되면, 그 내용이 파올로의 타임라인에 나타나고 파올로의 친구들 모두가 그것을 볼 수 있어요. 하지만 태그를 지나치게 자주 사용하는 것은 무례하게 여겨질 수 있으니 주의하세요. 공부하고 있는 형을 동생이 사소한 이유로 계속해서 부른다고 해 보세요. 결국 형이 짜증을 내겠죠?

누군가가 여러분을 태그한다면, 그들은 여러분을 특정 내용과 연관 지어요.

허락 없이 누군가 여러분을 태그하는 것을 원하지 않는다면, 세 가지 선택이 있어요.

- 태그가 여러분의 타임라인에 게시되기 전에 확인한 후 승인할지를 결정하세요. 여러분이 태그를 허락하면, 여러분의 타임라인뿐 아니라 태그를 만든 사람의 타임라인에도 나타날 거예요. 그렇게 되면 여러분의 친구들과 심지어 온라인의 다른 사람들도 태그된 내용을 볼 수 있을지도 몰라요.
- 이미 타임라인에 게시됐다면, 태그를 삭제하세요.
- 모욕적이고 불쾌한 특정 태그를 발견했다면 스팸 신고를 하세요.

항상 경계하고 조심하세요

현명한 친구들은 인터넷을 안전하고 자신 있게 사용하는 법을 배워요.

이번 장을 읽고 나니 소셜 네트워크 사용하기가 겁나나요?
만약 여러분이 온라인에서 한 모든 것이 공개되고, 또 여러분이 알지 못하는 사이에
수십 년간 보관된다면, 차라리 컴퓨터를 끄고 인터넷을 사용하지 않는 편이 나을지도 몰라요.
하지만 이렇게 생각해 보세요.
부모님은 여러분에게 횡단보도를 건널 때 초록불이 켜지면 건너라고 가르치셨어요.
인터넷과 소셜 네트워크 사용도 이와 같아요. 여러분이 기본 원칙들을 알고
안전하게 사용한다면 인터넷은 재밌고 유용해요. 그리고 사생활을 관리하는 것은
여러분에게 아주 간단한 일이 될 거예요.

4 사이버 폭력이 뭘까?

피해자　　가해자　　　　　　　방관자들

폭력은 여러 사람들이 관계되어 있어요.

가해자와 방관자들, 그리고 피해자는 같은 곳에서 함께 시간을 보내요.

가해자의 괴롭힘은 같은 시간에 반복돼요.

가해자는 다른 사람을 괴롭히면서 행복을 느껴요.

사람들은 예기치 않게 가해자와 마주칠 때가 있어요. 하지만 이런 일이 반복된다면 해결책을 찾아야 해요. 좋은 방법은 이런 일을 당했을 때 부모님이나 선생님 또는 가까운 친구들에게 이야기하는 거예요.

인터넷과 사이버 폭력

가해자와 피해자, 방관자는 같은 곳에서 함께 시간을 보낸다고 말했지요? 이 장소는 학교 운동장처럼 눈에 보이는 곳일 수도 있지만 가상의 공간일 수도 있어요. 바로 인터넷처럼 말이지요.

가해자가 기술을 사용하여 소셜 네트워크나 스마트폰 메시지 또는 유튜브 동영상에서 폭력을 쓸 때, 우리는 이것을 사이버 폭력이라고 불러요.

어떤 사람들은 사이버 폭력이 실제로 몸을 때리는 폭력이 아니라서 덜 심각하다고 생각할지도 몰라요. 실제 가해자들은 덩치가 크고 건장하며, 주먹으로 때리거나 심지어 칼이나 몽둥이를 들기도 해요. 하지만 인터넷을 사용할 때 우리는 모니터 밖에서 안전하다고 느껴요. 우리에게 해를 입힐 수 있는 사람이 내 눈앞에 모습을 나타내고 있지 않기 때문이지요.

그런데 왜 걱정하냐고요?

왜냐하면 모든 상처가 눈에 보이는 것은 아니기 때문이에요. 사이버 폭력을 쓰는 가해자들은 키보드로 우리를 다치게 할 수 있어요. 스마트폰에 앱을 설치하는 것은 때로는 어두운 골목을 홀로 걸어 들어가는 것만큼 위험할 수 있어요.

사이버 폭력은 여러분을 두려움에 떨게 할 수 있고, 심지어 곤경에 처하게 할 수 있어요.

민수에게 그런 일이 실제로 일어났어요.

민수 이야기

민수는 수업 시간마다 발표를 적극적으로 하는 13살 소년이에요.
선생님이 질문하면 다른 아이들은 쭈뼛쭈뼛 선생님 눈을 피하는 반면,
민수는 손을 번쩍 들고 씩씩하게 자기 생각을 대답하곤 했어요.
같은 반 친구들은 민수의 그런 모습이 나대는 것 같다며 뒤에서 수군대기
시작했어요. 그러던 어느 날 한 친구가 민수를 싫어하는 친구 몇 명과 함께
단체 대화방을 만들고 민수를 초대했어요.
"야, 관심종자. 잘난 척 좀 그만하지."
"너 나대는 모습 때문에 요즘 수업 끝나고 매일 토한다고."
"발표 좀 하면 자기 인기가 올라가는 줄 아나 봐."
"선생님이 질문만 하면 손이 완전 자동이야. 민수 쟤 로봇 팔 아니야?"
"얘들아, 너무 심하게 말하는 거 아니야?"
민수는 아이들이 한꺼번에 자기 욕을 하니까 너무 놀라 대화방을 나가 버렸어요.
그러나 아이들은 민수가 대화방을 나갈 때마다 계속 초대해서 민수를 욕했어요.
"어딜 나가?"
"왜 이 방에서는 침묵 깔고 그래? 수업 시간 때처럼 나불나불 떠들어 봐."
"이 프사로 바꿔 봐. 관심종자에게 딱 어울리는 사진으로 내가 솜씨 좀 부려 봤어."

아이들의 사이버 폭력은 계속되었어요. 심지어 민수의 사진을
이상하게 합성해서 올리고는 비웃으며 놀리기도 했어요.
민수는 점점 심해지는 아이들의 사이버 폭력에 괴로워하다가
여러 날 동안 학교를 결석했어요. 부모님이 이 사실을 알고
학교에 사이버 폭력으로 신고했어요.
가해자 학생들은 선생님과의 상담에서 이렇게 대답했어요.
"민수가 단체 대화방에서 아무 말도 않고 나가 버리니
기분이 더 나빠졌어요."
"그냥 장난이었다고요."

*본 사례는 (재)푸른나무 청예단(청소년폭력예방재단) 학교폭력SOS지원단 상담 사례를 가공해서 만들었습니다.

다양한 사이버 공격

민수의 사례에서 봤듯이, 그는 대화방에서 반 친구들의 비웃음과 놀림거리가 되었어요. 이는 인터넷 공간에서 민수를 따돌리는 것이기 때문에 사이버 폭력이에요.

사이버 폭력은 이런 것 말고도 다양한 종류가 있어요. 가해자가 여러분을 괴롭히는 데 사용할 수 있는 공격법을 소개할게요. 적을 알아야 싸워서 이길 수 있어요. 가해자가 어떤 폭력을 쓰는지 인식하고 상황을 바라보세요. 그리고 걱정을 멈추고 해결책을 찾아 행동을 취해야 해요.

모욕 주기

소셜 미디어를 통해 상대방에게 모욕을 주는 행위를 말해요. 이 행위는 여러분의 페이스북 타임라인 댓글이나 커뮤니티와 게시판에서도 있을 수 있어요. 사이버 폭력 가해자는 여러분에게 모욕을 퍼부어서 말을 못 하게 하거나, 다른 사람들에게 비웃음을 당하게 해요.

괴롭힘

모욕 주기가 공개 소셜 미디어에서의 전형적인 공격이라면, **괴롭힘은 공개적이지 않은 곳에서 일어나요.** 예를 들면, 여러분만 읽을 수 있게 스마트폰으로 모욕적인 일대일 메시지를 보내는 행위를 하지요.

명예 훼손

근거 없는 소문이나 거짓말을 퍼트려서 상대방을 모욕하는 행위예요. 그렇게 해서 누군가의 명예를 훼손하는 게 목적이지요. 예를 들면, 엄마가 숙제를 대신 해 주어서 폴이 성적을 잘 받을 수 있었다고 거짓 소문을 퍼트려 학교에서 눈총을 받게 하는 것이 이에 해당하지요.

사칭

사칭은 다른 사람의 신원을 몰래 쓰는 걸 말해요. 사이버 폭력 가해자들은 여러분 이름으로 된 가짜 페이스북 프로필이나 가짜 이메일 주소 등을 만들어 여러분인 척하면서 친구들에게 메시지를 보내기도 해요.

아웃팅

여러분의 이름을 이용해 난처한 정보를 게시하는 걸 아웃팅이라고 해요. 예를 들면, 여러분이 삭제했다고 생각한 현장 학습 때 찍은 창피한 사진 같은 걸 올릴 수도 있어요. 아웃팅은 여러분이 소셜 미디어 연결을 끊지 않은 채 컴퓨터 앞을 떠나거나 스마트폰을 방치할 때 종종 일어나요.

사기

사기는 다른 사람을 속이는 행위로, 가장 예상하기 힘든 공격이에요. 사이버 폭력 가해자는 때로는 방관자와 함께 여러분에게 신뢰를 얻으려 해요. 도와주는 척하면서 신뢰를 얻은 후, 여러분의 정보를 캐내어 인터넷에 올리기도 하지요.

따돌림

누군가를 무리에서 따돌려 외롭게 만드는 행위예요. 단체 대화방에서 유독 어떤 친구만 초대하지 않거나, 아무도 페이스북 친구를 맺지 않는 식으로요.

사이버 스토킹

휴대전화, 이메일, 대화방 등에서 공포감을 주거나, 위협적으로 느낄 수 있는 영상, 음성, 문자 등을 반복하여 계속 보내는 행위를 말해요. 특정한 사람을 미행하거나 전화, 편지를 반복적으로 보내 괴롭히는 스토킹과 유사하지만 사이버 공간에서 이루어진다는 차이점이 있어요.

학교 폭력과 사이버 폭력

인터넷이 생활화되면서 학교 폭력의 장소가 사이버 공간으로 이동되고 있어요.

그러면서 청소년의 의사소통 수단으로 익숙한 사이버 기기가 괴롭힘의 수단으로 이용되고 있지요. 국내 청소년 사이버 폭력의 피해 유형 중 민수처럼 '욕설이나 모욕적인 말을 들었다'가 52%로 가장 많아요. 그다음으로 '허위의 글이나 비방하는 소문이 퍼졌다' 12%, '위협이나 협박을 당했다', '성적인 메시지와 사진을 받았다' 10%, '개인 정보가 유출되었다' 8% 순으로 나타났어요. 피해 사이버 공간으로는 SNS가 가장 높았고, 메신저, 온라인 게임 웹페이지 순으로 나타났어요.

*출처 : (재)푸른나무 청예단(청소년폭력예방재단) 2016 전국 학교폭력 실태조사

사이버 장난 혹은 사이버 폭력?

사이버 폭력 가해자나 방관자들에게 왜 그런 짓을 했냐고 물으면, 대부분 이렇게 대답할 거예요. "그냥 장난이었어."

하지만 정말로 그런가요?
우리가 이 책에서 단지 아이들끼리의
사이버 장난을 '사이버 폭력'이라 이야기하며
과장하고 있나요? 전혀 아니에요.
장난과 폭력을 구별하는 법은 아주 단순해요.

장난과 폭력의 차이를 구별하려면 아래 글을 기억하세요.

장난을 반복해서 오래 하지 마세요.

단순하지만 이 규칙은 명백한 사실이에요. 다른 친구들이 여러분에게 장난치듯이 여러분도 다른 친구들에게 장난치지요. 그것은 아이들끼리 흔히 있는 정상적인 행동이에요. 그게 사람 사는 재미고요. 그렇지만 폭력은 앞에서 말했듯이, 이러한 장난이 계속해서 반복돼요.

며칠이나 몇 주, 심지어 몇 년 동안 반복되는 똑같은 '장난'은 더 이상 재미가 없어요. 그리고 그 일로 사람들이 심각하게 괴로움을 겪고 상처받을 수 있어요.

장난과 폭력을 구별하는 두 번째 법칙을 알아볼게요.

장난은 피해자가 함께 웃지만, 폭력은 피해자를 비웃어요.

여러분이 친구의 웃긴 사진을 찍고, 친구도 여러분의 사진을 찍어 서로 교환해서 보고 웃는다면, 친구와 여러분은 함께 장난을 치며 좋은 시간을 보내고 있는 거예요. 하지만 같은 사진이 700명의 사람들에게 보내져 그들 모두가 여러분과 친구를 비웃는다면, 이는 더 이상 재미있지 않아요. 오히려 불쾌하지요. 이것은 장난이 아니라 바로 사이버 폭력이에요.

나도 사이버 폭력 가해자?

알지 못하는 사이에 나도 가해자가 될 수 있어요.

이 지점에서 여러분은 의문을 가질지도 몰라요. 일부러 그러려고 한 건 아니지만 내가 혹시 가해자나 방관자가 된 적은 없을까? 하고 말이에요. 지금까지 사이버 폭력에 대해 이야기할 때, 우리는 이 책을 읽는 독자를 피해자 쪽으로 여겨 왔어요. 하지만 반대로 폭력을 행하는 가해자 쪽도 있을 수 있겠지요. 한번 생각해 보세요. 앞에서 우리가 이야기했던 두 가지 규칙 중 하나라도 따르지 못했던 적이 있나요?

대답이 "네"라면, 가해자 혹은 방관자였을 가능성이 있어요.

실생활에서 어떻게 행동해야 하는지를 알더라도, 인터넷에서 실수를 저지르기 쉬워요. 그러나 그런 실수를 저지른다면, 다른 사람들을 사이버 폭력의 피해자로 만들 수 있다는 사실을 명심하세요.

폭력의 현장에는 거의 항상 방관자들이 함께 있다는 것을 앞에서 이야기했어요. 방관자들은 아주 중요해요. 그들은 가해자의 농담에 웃고, 피해자를 괴롭힐 때 박수를 보내며 가해자가 피해자를 더욱 못살게 굴도록 부추기지요. 때로는 방관자들은 어떤 일이 일어나는지 조용히 지켜보기만 할 때도 있어요. 4학년 3반 대화방을 예로 들어 볼게요.

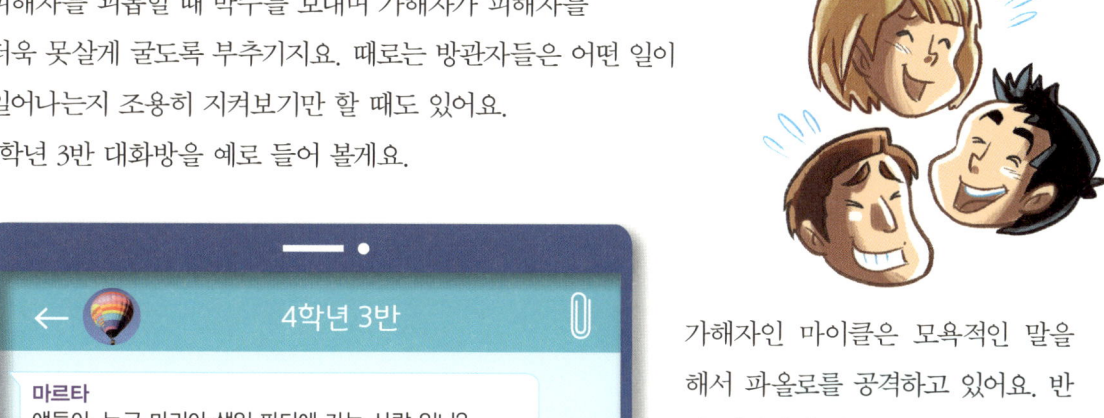

가해자인 마이클은 모욕적인 말을 해서 파올로를 공격하고 있어요. 반면 치아라와 마르타, 줄리아는 방관자들이죠.

대화를 살펴보면, 치아라는 마이클의 편이며 그의 농담을 재미있어하고 있어요. 줄리아와 마르타는 마이클에게 그만두라고 하지만 별로 설득력 없이 말해 그들의 행동은 파올로를 더 외롭게 만드는 것 같고요.

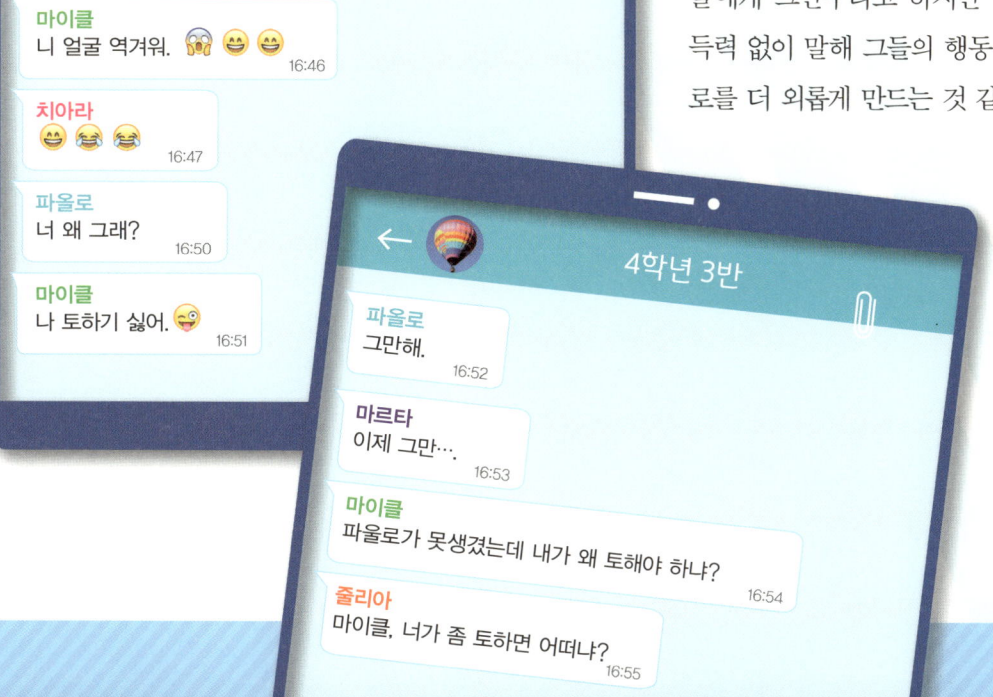

사이버 공간이 아닌 현실에서 방관자가 되는 일은 쉽지 않아요.
현실에서는 친구가 우는 모습을 보면, 여러분은 바로 어떤 문제가
생겼다는 것을 깨닫고 친구에게 위로의 말을 건네거나 무슨 일이냐고 물어볼 거예요.

하지만 사이버 공간에서는 마이클의 메시지를 읽고 있는
파올로의 얼굴을 볼 수 없어요.

현실에서는 말할 때 누구나 목소리를 내요.
속삭이거나 소리를 지를 수도 있는데,
이것은 상대방에게 말하는 사람의 감정을 전달해요.

대화방 메시지나 페이스북 댓글 뒤에서
누군가 웃는지 우는지, 또는 행복한지
외로워하는지 알 방법이 없어요.

장난을
오래 하지 마세요!

다른 사람들을
비웃지 마세요!

또한 인터넷에서는 목소리를 들을 수 없어요.
그렇기 때문에 더욱 주의를 기울여야 해요.

사이버 폭력의 방관자가 되지 않으려면 이 두 가지 기본 규칙을 지키려고 노력하세요.
만약 여러분이 이 규칙들 중 하나를 어겼다면, 피해자에게 괜찮은지 물어보세요.
이런 행동이 간단하고 쉬워 보이지만, 때로는 엄청난 용기를 필요로 해요.
어떨 때는 대다수의 다른 친구들에게 반대하며 혼자 서 있어야 할 수도 있어요.
그리고 여러분 자신도 공격받을까 봐 두려울 수 있어요.
하지만 이 한 가지를 기억하세요.

용기는 사람을 위대하게 합니다. 그리고 여러분에게는 용기가 있습니다.

지금까지 사이버 폭력이 무엇인지,
사이버 폭력이 어떤 방식으로 일어나는지 알아보았어요.

하지만 사이버 폭력에 맞서 자신을 방어하는 법을 배우기 전에, 알아야 할 게 또 있어요.

사이버 폭력 가해자는 실제로 누구인가요?

그들은 왜 사이버 폭력을 쓸까요?

이 질문의 답을 알아내는 것은 아주 중요해요. 왜냐하면 답을 알아야 사이버 폭력과 피해자를 줄이는 데 큰 도움이 되기 때문이에요.

5 사이버 폭력 가해자의 가면을 벗겨라

사이버 폭력 가해자는 학교 운동장이나 거리에서 볼 수 있는 덩치 크고 건장한 일반적인 가해자와는 달라요.

사이버 폭력 가해자는 인터넷이라는 독특한 상황에서 비롯된 세 가지 특징을 갖고 있어요.

1 사이버 폭력 가해자는 시간과 공간의 제약이 없습니다.

기술 발달 덕분에 사이버 폭력 가해자는 주머니 속 스마트폰만 있으면 언제 어디서나 문을 열고 안으로 들어올 수 있습니다.

2 사이버 폭력 가해자는 천하무적인 것처럼 느낍니다.

그들은 키보드나 스마트폰 뒤에 숨어서 안전하며 보호받고 있다고 느낍니다. 이러한 이유로 사람을 실제 마주하고 있다면 꿈도 꾸지 못할 말과 행동을 인터넷상에서 마구 내뱉습니다.

3 사이버 폭력 가해자는 자신이 보이지 않는다고 느낍니다.

사이버 폭력 가해자는 자기 신분을 숨기고 익명으로 공격합니다. 스마트폰이나 인터넷에 자기가 남긴 메시지를 삭제하면 나쁜 행동의 모든 증거를 없앨 수 있다고 확신합니다.

사이버 폭력 가해자의 가면을 벗기기 위해 그들을 두 부류로 나눠 볼게요. **내가 아는 사이버 폭력 가해자와 전문적인 사이버 폭력 가해자.**

내가 아는 사이버 폭력 가해자

이 사이버 폭력 가해자는 여러분이 일상생활에서 매일 또는 자주 보는 누군가예요. 여러분은 그들의 이름뿐 아니라 주소와 전화번호까지 알고 있을 수도 있어요.

이들은 길거리 깡패나 다름없어요. 주위에 사람이 없을 때, 아무도 모르게 일대일로 폭력을 쓰기 때문이에요. 마치 어두운 골목에서 누군가를 기다리는 범죄자처럼 말이죠. 여기 이와 같은 가해자에 관한 몇 가지 정보가 있어요.

무혐의

- **이름** : 일급 비밀
- **나이** : 일급 비밀
- **특이 사항** : 없음
- **공격 방식** : 괴롭힘, 사칭, 따돌림
- **약점** : 사이버 폭력을 계속 쓰기 위해서는 익명성을 지켜야 합니다. 사이버 폭력을 막으려면 그가 누구인지 밝히거나, 범행 증거를 모아야 합니다.
- **위험 등급** : ★★

와일드걸

- **이름** : 샬롯
- **나이** : 12세
- **특이 사항** : 패거리들의 관심을 끌기 위해 공격적인 행동을 합니다.
- **공격 방식** : 괴롭힘, 사칭, 따돌림
- **약점** : 패거리들이 없으면 힘을 못 씁니다.
- **위험 등급** : ★★

거짓 친구

이름 : 제임스
나이 : 11세
특이 사항 : 항상 웃으며 친절하지만, 등 뒤에서 친구를 배신합니다.
공격 방식 : 아웃팅, 사기
약점 : 언젠가는 인터넷에 퍼트릴 정보가 다 떨어질 것입니다.
위험 등급 : ★★★

이 가운데 '거짓 친구'가 가장 상대하기 어려운 사이버 폭력 가해자예요. 왜냐하면 그는 여러분의 비밀을 알고, 아픈 곳을 공격하기 때문이에요. 그렇다면 이들의 사이버 폭력에 대항해 우리는 어떻게 행동해야 할까요? 우선, 여러분의 비밀을 온라인에 공유하지 마세요. 가해자는 여러분의 사진을 찍고 복사한 다음, 그것을 이용해 여러분을 괴롭히거나 협박할지도 몰라요. 그렇다고 평소에 아무 말도 않고 벙어리로 살 수는 없지요. 일상생활에서 누군가에게 여러분의 생각을 표현할 때 그들의 눈을 바라보세요. 그러면 상대방의 반응을 살필 수 있고, 동시에 진짜 친구를 구별하는 데 도움이 돼요.

전문적인 사이버 폭력 가해자

전문적인 사이버 폭력 가해자는 컴퓨터 기술을 사용해 다른 사람들을 괴롭히는 것을 재미있어 해요.

그들은 누가 피해자가 되든 상관없어요. 이들의 유일한 관심은 공격할 대상을 찾는 일이에요. 또한 사이버 폭력을 쓸 때 지켜볼 많은 관중과 방관자들을 찾아다녀요. 이때 방관자들의 태도는 능동적(괴롭힐 때 함께 참여하거나 도와줌.)이거나 수동적(폭력을 쓸 때 말리지 않고 가만히 지켜봄.)일 수 있어요.

전문적인 사이버 폭력 가해자들은 가능한 한 많은 관중 앞에서
자신이 누구인지 드러내지 않은 채 익명으로 여러분을 공격하려고 할 거예요.

그들이 샬롯이나 제임스 같은 이름을 사용한다 해도, 그 이름은 가짜일 수 있어요.
또한 그들의 프로필 사진은 유명한 연예인이나 운동선수 또는 풍경 사진처럼
누구인지 알아챌 수 없는 사진일 거예요. 그들이 누구인지 알아낼 수 있다면 사이버 폭력을
물리치는 데 큰 도움이 될 수 있어요. 사이버상에서는 엄청난 폭력을 쓰며 무섭게 굴던
가해자가 현실 세계에서는 정반대로 겁쟁이들인 경우도 많거든요.
여기 전문적인 사이버 폭력 가해자에 관한 몇 가지 정보가 있어요.

선동꾼

특이 사항 : 선동꾼이 대개 그렇듯이 무례하고 말이 안 통합니다.

공격 방식 : 다른 사람들을 짜증나게 하고 모든 종류의 사이버 커뮤니티에서 논쟁을 일으킵니다.

최종 목표 : 사용자들끼리 서로 공격하여 싸움을 일으키는 것입니다.

약점 : 관중의 반응에 목말라 있기 때문에 무시하는 것이 최선의 방법입니다.

위험 등급 : ★

선동꾼은 왜 이런 식으로 행동할까요?
다른 사람들이 그의 선동을 멈추게 하려고
노력하면 할수록 선동꾼들은
그들을 비웃으며 더욱 즐거워해요.
오히려 선동꾼은 더욱더 활기를 띠고 논쟁을
계속할 거예요. 선동꾼은 종종 이유 없이
상대방에게 모욕을 주며 공격해요.
이런 무례한 행동은 다른 사용자들을 화나게 해요.
그러다가 시스템 관리자들의 제재를 받으면,
선동꾼은 디지털 신원을 바꿔서 다시 활동하기도 해요.
심지어 선동꾼은 서로에게 비방을 주고받는
두 개의 아이디를 가지고 활동하기도 해요.
이는 다른 사용자들이 속임수 덫에 걸려
싸움에 참여하는지 보기 위해서 그러는 거랍니다.

악플러

특이 사항 : 특정 대상(축구팀, 영화 등)이나 특정인(대개 유명인)을 싫어합니다.

공격 방식 : 인터넷을 검색해서 자기가 싫어하는 사람이나 대상에 대해 이야기하는 커뮤니티를 찾습니다. 그곳에서 다른 의견을 가진 사람들을 차단하거나 도발하면서 비방을 퍼붓습니다.

약점 : 악플을 무시하고, 논쟁의 공간을 만들지 못하게 대응하지 말아야 합니다.

위험 등급 : ★

사칭하는 사람

특이 사항 : 다른 사람의 신원을 사용하여 나쁜 짓을 합니다.

공격 방식 : 때때로 유명한 사람인 척하기도 하고, 범죄를 저지르는 데 사용할 유용한 정보를 모으기 위해 가짜 신원을 사용하려고 합니다.

약점 : 사칭하지 못하게 개인 정보를 보호해야 합니다.

위험 등급 : ★★★★

모든 전문적인 사이버 폭력 가해자들 중 사칭하는 사람이 가장 교활하고 계획적이에요. 그들은 여러분의 형제 혹은 친구인 척해서, 부모님의 신용카드 번호나 여러분이 만든 팬 카페 데이터의 접근 권한을 훔치려 들 수도 있어요. 이는 사이버 도둑질이에요.

사이버 폭력으로부터 자신을 지키는
최선의 방법은 공격을 미리 방지하는 거예요.

소셜 네트워크나 대화방에서 이야기하는 동안 누군가에게 부모님 신용카드 번호나 집 주소를 절대로 알려 주지 마세요. 여러분은 친구와 이야기하고 있다고 생각하겠지만, 어쩌면 사칭하는 사람에게 여러분의 중요한 정보를 주고 있는 걸지도 몰라요.

스토커

특이 사항 : 선동꾼, 악플러, 사칭하는 사람들이 주로 공개 소셜 미디어(서로 모르는 사람들이 많이 모이는 장소)에서 공격하는 경향이 있는 반면에, 스토커들은 항상 사적인 공간에서 공격합니다.(문자 메시지, 온라인 대화, 이메일 등)

공격 방식 : 엄청난 양의 문자 메시지를 매일, 밤낮없이 보내어 피해자를 공포에 떨게 합니다. 또한 목표물(피해자)에 대한 정보를 모으려고 실제 생활에서 몰래 쫓아다니기도 합니다.

약점 : 법적으로 고발할 수 있는 증거를 남깁니다.

위험 등급 : ★★★★

스토커가 있다고 의심된다면,
즉시 부모님께 알리세요.

정도가 심하다면 경찰서에 신고하세요.
스토킹은 범죄입니다!

6 적극적인 방어법

자, 이제 사이버 폭력 가해자들로부터 보다 적극적으로 스스로를 방어하는 기술을 배울 시간입니다. 자, 링 위에 올랐으니 권투 글러브의 끈을 단단히 매세요!

외교적 접근

숨기기

삭제하기

정지하기

그만두기

차단하기

이 용어들이 무엇을 의미할까요? 하나씩 상세히 살펴볼게요.

외교적 접근

평화로운 해결책 찾기

현실 세계에서 누군가 여러분을 주먹으로 치고,
발로 차고, 땅에 때려눕힌다면, 일단 여러분이
대응하는 첫 번째 행동은 도망치는 거예요.
이것은 위기 때 자동적으로 나오는 본능이에요.
그러나 인터넷상에서 사람들은 다르게 행동해요.
사이버 폭력 가해자는 키보드나 스마트폰 화면 뒤에
숨어 있기 때문에 스스로를 천하무적이라고
생각해요. 여러분 또한 눈앞에 나를 때리는 사람이 없기에
사이버 폭력 가해자에 맞서 싸울 만큼 용감하다고 느끼는 경우가 많고요.
그래서 사이버 폭력을 당했을 때 나타나는 반응은
도망가는 게 아니라 반격이에요.
누군가 여러분을 비방한다면, 똑같이 비방으로 대응해요.
누군가 여러분에 대한 거짓 소문을 퍼트리고 있다면, 똑같이 거짓 소문을 퍼트리지요.

그러나 이 기술은 그렇게 효과적이지 않아요.
서로 끝없는 공격을 부를 뿐이에요.
앞에서 이야기했듯이 서로를 공격하는 행동은
오히려 가해자들을 즐겁게 만들어요.
이런 광경은 가해자가 박수를 치며
즐겁게 보는 공연을 열어 주는 것과 같아요.

> 그렇다고 해서 여러분이 사이버 폭력을 마냥 당하고만 있으라는건 아니에요. **효과적인 공격법**을 배워야 해요.

그러니 우선 가해자가 아는 사람이라면, 한번 잘 이야기해 보세요.
이때 그들의 공격에 별로 관심이 없는 것처럼 점잖게 대응하세요.
예의 바르고 정중한 대응은 종종 사이버 폭력 가해자들을 당황하게 만들어요.

가해자는 피해자들을 짜증나게 하는 게 목표예요. 그런데 상대방이 반응하지 않고 무덤덤하다면 사이버 폭력 가해자들은 더 이상 여러분을 괴롭히는 것에 흥미를 잃을 수 있어요. 또한 여러분이 점잖게 대응하며 가해자에게 괴롭히는 짓을 그만두라고 요청하면 마음을 바꿔 물러날 수도 있어요. 그리고 더 나아가 방관자들에게 그들의 행동이 잘못되었고 선을 넘었다는 것을 이해시킨다면, 여러분은 방관자들을 자기편으로 만들 수 있을지도 몰라요. 방관자들 없이 사이버 폭력 가해자 혼자 남게 되면 결국 포기하고 싸움터를 떠날 수밖에 없을 거예요.

숨기기

숨기기와 음소거 기능 이용하기

여러분은 1차 기술로 가장 평화로운 방법인 설득을 시도해 봤어요. 그러나 사이버 폭력 가해자는 그 요청을 거절하고 여전히 괴롭히네요. 오히려 공격이 더 심해졌어요. 이런 상황이라면 또 다른 기술로 어떤 방법을 써 봐야 할까요? 자, '숨기기'라는 기술이 필요한 때이네요.

숨기기는 거의 모든 소셜 미디어에서 사용 가능한 설정이에요.

이것은 음소거라고도 하는데, 스피커 볼륨을 끄는 것과 같아요. 이 설정을 하면 화면에서 사라지게 할 수 있어 가해자의 비방을 가릴 수 있어요.

알아 두세요!
예를 들면 페이스북에서 게시물 숨기기를 이용해 특정 콘텐츠를 더 이상 보이지 않도록 선택할 수 있어요. 하지만 이 기능은 본인에게만 해당할 뿐, 다른 사용자들에게는 여전히 보여요.

그렇다면 이 기능을 사용하는 게 어떤 장점이 있을까요?

앞에서도 이야기했듯이 가해자의 비방은 보통 무시하는 것이 최고의 기술이에요.
대응하고 관심을 보이는 것은 선동꾼에게 무대를 만들어 주는 것과 같다는 걸 잊지 마세요.
여러분이 가해자의 비방이나 방관자들의 댓글을 지운다면, 그들은 계속해서 댓글로
여러분의 사이버 공간을 채울 거예요. 반대로 여러분이 그 댓글들을 보지 않으면
가해자의 공격은 음소거된 텔레비전처럼 재미없을 뿐이지요.
원한다면 가해자에게 이렇게 알릴 수도 있어요. "지금부터 네 댓글을 다 숨길 거야."
가해자는 웃으며 공격을 조금 더 지속하겠지만, 아무도 대응하지 않으면
결국 지쳐서 나가떨어질 거예요.

삭제하기

삭제와 제거 기능 이용하기

'숨기기' 기능은 사이버 폭력 가해자들을 지치게 하는 데 꽤 효과적이에요. 하지만 어떤 경우에는 다른 방법을 써야 할 때가 있어요. 다른 사람들이 볼 수 있는 온라인 공간에 여러분에 대한 가해자의 공격이 남아 있기를 원하지 않는다면 이 방법을 써 보세요.
바로 '삭제하기' 기술이죠.
이 기술은 '지우기'나 '제거하기'라고도 해요.

여러분은 이 기능을 사용해 가해자가 게시한 내용을 삭제할 수 있어요.
누구도 읽을 수 없도록 인터넷에서 사라지게 하는 것이죠.

여러분이 관리하는 공간(예를 들면 페이스북이나 여러분이 관리자로 있는 커뮤니티)에서
이런 종류의 차단 기능을 사용할 수 있어요.

하지만 친구가 관리하는 그룹처럼 그 공간이 여러분 혼자만의 것이 아니라면,
이 기능을 사용할 수 없어요. 그럴 경우에는 메시지를 삭제해 달라고 그룹 관리자에게
요청할 수 있지만, 시간이 걸리기 때문에 보통 즉각적으로 해결되지 않아요.
숨기기와 삭제하기로도 해결되지 않는 문제가 있나요?
그렇다면 또 다른 방어법을 소개할게요.

정지하기

사이버 폭력배에게 보내는 경고 카드

'정지'를 사용하는 것은 반격 방법의 한 형태로,
커뮤니티와 온라인 게임에서 사용돼요.

여러 번 경고에도 불구하고 사이버 폭력 가해자가
계속해서 다른 사용자들을 괴롭힐 때, 그들은 그 공간에서
'정지'당할 수 있어요. 하지만 이것은 일시적인 정지로,
얼마 후 그들은 다시 돌아올 수 있어요.
커뮤니티와 온라인 게임에서 강제로 정지당할 경우, 보통 몇 분 또는 최대 몇 시간 후
정지 기능이 풀려 다시 활동할 수 있어요. '정지'는 최후 반격인 퇴장 카드 이전에
사이버 폭력 가해자를 잠시 멈추게 하는 데 사용돼요.

차단하기

사용 금지와 차단 기능 이용하기

사용 금지는 누군가를 소셜 네트워크나 온라인 그룹에서 내쫓고 특정 기간 동안 그들의 접근을 막는 방법이에요. 짧은 기간부터 영구적까지 다양해요.

사용 금지와 차단 기능은 사용 가능한 가장 강력한 무기예요. 그러니 꼭 필요할 때만 사용해야 해요.

이렇게 함으로써 사이버 폭력 가해자를 진정시키고, 자신들이 한 행동에 대해 생각할 시간을 갖게 하는 거지요.
네이버 밴드의 경우, 해당 밴드의 관리자가 특정 사용자를 강제 탈퇴시킬 수 있어요. 사이버 폭력을 쓴 사람이 충분히 반성의 시간을 가진 후, 대화방으로 돌아오기를 원할 때 다른 사용자들이 해제를 요청하면 사용 금지 조치가 끝나요.

한편 트위터, 페이스북, 인스타그램과 같은 큰 소셜 미디어는 사이버 폭력뿐 아니라, 광고(스팸)를 위해 네트워크를 이용하거나 부적절한 내용을 게시했을 경우에도 사용 금지가 될 수 있어요. 사용 금지는 강력한 도구이기 때문에 온라인 공간의 관리자들만이 이 기능에 대한 권한을 가져요. 관리자들은 이 기능을 이용해 온라인 공간의 환경을 건전하고, 질서 있게 유지시켜요.

> 여러분이 관리자가 아니라
> **단지 사용자일 뿐이라면요?**

그러면 보고하기 기능을 사용하세요.
이 기능을 이용해 관리자에게 누군가 부적절하게 행동하고 있다는 것을
알려서 사용 금지를 요청할 수 있어요.

관리자가 그 내용을 읽고 사실을 확인한 후, 사용 금지를 진행할지 말지를 결정할 거예요.
그렇지만 관리자들은 바쁘고 할 일이 많기 때문에 네티켓을 정해 사용자들에게 공지하지요.
그러니 사이버 폭력이 심각한 경우에만 관리자에게 보고하세요.
사용 금지를 요청하는 것은 기차에서 비상 브레이크를 작동시키는 것과 같으므로
정말로 필요할 때만 이 기능을 사용하도록 하세요.
만약 관리자의 개입 없이 개인적으로 사이버 폭력 가해자를 사용 금지시키고 싶다면,
차단 기능을 이용하세요. 그 기능을 사용하자마자 가해자는 더 이상 여러분에게
보이지 않을 거예요. 이 행위는 마치 가해자와 여러분 사이에 아주 높고
넘을 수 없는 장벽을 세우는 것과 같아요.
여러분이 가해자를 차단하는 순간부터, 더 이상 그들이 하는 어떤 행동도
여러분에게 보이지 않게 돼요. 가해자는 여러분에게 개인적인 메시지를 보낼 수도,
페이스북 댓글에 여러분의 이름을 쓸 수도 없을 뿐 아니라, 언급조차 할 수 없어요.
꽤 괜찮은 기능이죠? 그러나 이 기능 역시 '숨기기'처럼 오직 여러분이 온라인에서
볼 수 있는 것에만 유효하다는 것을 알아두세요.

알아 두세요!
차단 권한의 범위는 여러분이 사용하는 개별 소셜 네트워크의 정책에 따라 다르고, 플랫폼마다 다양해요. 또한 그 공간을 관리하는 사람이 여러분 자신인지 아닌지에 따라 다를 수도 있어요.

그만두기

싸움 중단하기

이제 여러분은 사이버 폭력 가해자와의 충돌을 피하기 위해
가상공간(소셜 네트워크나 온라인 대화방 등)을 떠나기로 결정했습니다.

사용 금지는 가해자에게 떠나라고 하는 거예요. 그만두기는 그 반대로
사용자가 떠나는 거지요. 이 방법은 우리가 이 단원을 시작할 때 이야기한 도망가기와
같은 거예요. 현실 세계에서 길거리 싸움을 피할 때 이 방법을 쓰는 건 아주 좋은 생각이에요.
그리고 인터넷에서도 마찬가지예요. 인터넷과 소셜 미디어의 위대한 점은
엄청나게 많은 사람들이 이용하며, 그들 모두를 위한 충분한 공간이 있다는 거예요.
그런데 여러분이 인터넷에 글을 올리자마자 다른 페이스북 사용자가 공격한다면?
온라인 게임 플레이어가 괴롭힌다면?
온라인 동호회에서 친구들이 여러분을 비웃는 무례한 문자를 주고받는다면?
그럴 때 그만두고 다른 곳으로 가는 것도 좋은 방법이에요.
인터넷을 사용할 때 가장 중요한 것은 여러분의 행복이라는 것을 기억하세요.
여러분이 즐겁게 시간을 보낼 수 있는 편안한 환경을 찾으세요.
그런 곳이 더 이상 존재하지 않는다면, 여러분 스스로 만들어 보는 건 어떨까요?
어렵지 않아요. 여러분이 좋아하는 방식으로 '가상의 집'을 짓고 주인이 될 수 있어요.
그러면 누군가가 와서 여러분과 함께할 거예요.
각 소셜 네트워크와 시스템은 방어 기능에 서로 다른 이름을 붙이고 있어요.
또한 방어 기능마다 나름의 사용 절차가 있어요.
이제 여러분에게 필요한 적절한 기능을 찾아 이용할 수 있겠죠?
또 한 가지, FAQ가 있어요.
이것은 자주 묻는 질문 목록이며 사용자들을
돕기 위해 모든 웹사이트와 소셜 네트워크가
제공하고 있으니 꼭 읽어 보세요.

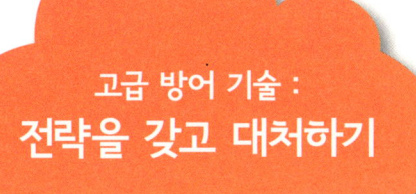

**고급 방어 기술 :
전략을 갖고 대처하기**

'숨기기'와 '삭제하기' 기능만으로는
사이버 폭력에 맞서는 데 충분하지 않아요.
이 기능을 사용하는 것 이외에
또 다른 계획도 가지고 있어야 해요.

전략 세우기

**여러분이 사이버 폭력의 피해자라면,
맞서기 전에 전략을 꼼꼼하게 세워야 해요.**

계획을 가지고 접근해야 위기 속에서도
차분하게 겁먹지 않을 수 있어요.

그러기 위한 첫 번째 단계는 여러분이 혼자가 아님을 명심하세요.

여러분이 신뢰하는 누군가에게 이 문제에 대해 이야기하세요.

형제, 부모님, 친한 친구, 선생님에게 이 문제를 상의하세요.
여러분이 어떤 상황에 처해 있는지 말하고, 이를 해결할 방법을 함께 나누세요.
다음 몇 가지 사례를 들어 볼게요.

여러분이 반 페이스북 그룹에 초대받지 못하고 따돌림을 당했나요?

그룹 개설자나 관리자에게 여러분을 그룹에 추가해 달라고 요청할 수 있어요.
어쩌면 일부러 초대를 안 한 게 아니라 실수로 빠뜨린 걸 수도 있어요.
하지만 그들이 일부러 그랬다면, 친구의 중재가 유용할 거예요.
관리자는 여러분의 말을 듣지 않겠지만, 친구들이 요청한다면 들을지도 몰라요.

누군가 인터넷으로 사기를 치거나, 인터넷에 여러분의 부끄러운 비밀을 게시하여 아웃팅했나요?

여러 방어법을 동시에 사용하세요. 앞에서 이야기했듯이 가해자가 올린 내용을
삭제하거나, 온라인 대화에서 가해자를 제외시키는 기능을 사용하세요.
필요하다면 관리자에게 도움을 요청하세요.
비방이 담긴 화면의 스크린샷은 좋은 증거가 되니, 꼭 찍어 두세요.

가해자가 학교 친구이고, 괴롭힘의 정도가 너무 심한가요?

담임 선생님이나, 부모님과 상의하세요.
그리고 늘 기억하세요. 사이버 폭력에 대해 어른들과 상의한다고 해서
여러분이 고자질쟁이가 되는 것은 아니라는 것을요.

가해자를 설득하려다 실패한다면 방관자들과 이야기해 보세요.

방관자들을 여러분 편으로 만들도록 노력하고, 여러분이 사이버 폭력 때문에
어떤 괴로움을 겪고 있는지 그들에게 이해시키세요.
아무 관여 없이 싸움을 구경하는 조용한 방관자들이라면,
그들의 행동이 얼마나 비겁한지 반성하게 만드세요.
사이버 폭력의 방관자들을 여러분 편으로 만들기 위해서는
논리적인 댓글이나 재치 있는 의견이 필요해요.

인터넷 밖 현실에서
사이버 폭력 가해자와 맞서기

사이버 폭력 가해자들은 인터넷상에서 공격하기 때문에,
앞서 이야기한 방어 행동을 사용하는 건 당연한 거예요.

하지만 여러분은 컴퓨터가 아니에요. 평범한 소녀나 소년이죠.
만약 인터넷을 하다가 문제가 생긴다면, 당장 컴퓨터를 종료하고
관심을 다른 곳으로 돌릴 수 있어요.

문제가 심각해지면, 소셜 미디어와 가상 그룹 바깥에서 해결책을 찾을 수 있어요.
가해자가 여러분이 아는 사람이라면, 온라인상이 아닌 직접 마주하여 이야기해 보세요.
이 방법이 겁이 난다면 친한 친구와 함께 가세요. 사이버 폭력 가해자들은 스마트폰 뒤에
숨을 수 있기 때문에 보통 자신들이 보이지 않는다고 느껴서 함부로 행동해요.

하지만 여러분이 그들과 대면하여 맞선다면, 사이버 폭력 가해자들은 여러분의 용기에
한 방 먹고 불안해할지도 몰라요. 이 방법으로 여러분은 그들의 폭력을 멈추게 하고,
사과하게 하거나, 자신들의 행동에 대해 반성하도록 만들 수도 있어요.

사이버 폭력 가해자도 여러분과 똑같은 사람이에요. 사이버 폭력 가해자들에게도 그들을 걱정하는 가족과 친구가 있고, 나쁜 일을 했을 때 그런 행동을 멈추게 할 사람들이 있어요.
마지막 제안은, 인터넷을 하면서 기분이 상한다면 인터넷을 떠나세요.
그리고 웃으며 여러분 삶을 사세요.

지나친 방어는 금물

여러분이 격투 스포츠를 배운다면 사범으로부터 이런 말을 여러 번 들었을 거예요.

무리하지 마세요!

무술은 방어 기술을 가르쳐요.
하지만 방어 기술이 너무 지나치면 안 돼요.
예를 들어 누군가 여러분의 팔을 꼬집었다고
그의 팔을 부러뜨리는 것은 지나친 행동이에요.
인터넷에서도 마찬가지예요. 사이버 폭력 가해자를
사용 금지시키는 것은 아주 효과적인 방법이지만,
사용 금지가 너무 오랫동안 지속되어 가해자가
소셜 네트워크에서 그의 친구들을 보지 못한다면,
이것 자체가 오히려 지나친 공격이 될 수 있어요.
언젠가 여러분이 온라인 공간의 관리자가
될 수도 있어요. 이것은 매우 흥미롭지만
큰 책임이 따르는 일이기도 해요.
일부 온라인 게임에서 게임 마스터는 마우스를 한 번
클릭하는 걸로 게임 플레이어의 레벨을 올리거나 낮추고,
까다로운 특정 챌린지를 통과시켜 주거나,
보급품과 강력한 무기를 나타내거나 없앨 수 있어요.

팬 페이지의 관리자는 댓글을 삭제하고, 사용자들을 차단하고,
재가입을 승인하거나 영원히 사용을 금지할 수도 있어요.

"큰 힘에는 큰 책임이 따른다."는 것을 기억하고,
여러분의 권한을 항상 신중하고 책임감 있게 사용하세요.

사이버 공간에서 어떤 친구의 행동이 마음에 안 든다고 해서 그 친구가 사이버 폭력 가해자는 아니에요. 사이버 폭력 가해자인지 아닌지를 결정하기 위한 두 가지 기본 규칙을 기억하나요? 그 규칙을 꼭 기억하고 개인적인 호불호가 아닌 사실에 기반한 결정을 내리세요. 그리고 인터넷 세상을 안전하고 즐겁게 탐험하세요.

*GPS : 위성에서 보내는 신호를 수신해 사용자의 현재 위치를 계산하는 위성항법시스템.

사이버 폭력 가해자가 여러분을 괴롭힐 때
어떻게 행동해야 할지 지금까지 알아보았어요.
하지만 무엇보다 사이버 폭력의 목표물이 되지 않는 게 가장 중요해요.

인터넷 세상은
끝을 알 수 없을 만큼
무한해요.

인터넷에서 여러분은
다양한 사람들을 만날 수 있고,
엄청난 양의 콘텐츠를 찾을 수 있어요.

항상 기억하세요!
누군가 여러분을 괴롭히고 귀찮게 한다면,
그곳을 떠나 새로운 곳으로 가세요.

7 수동적인 방어법
골칫거리 피하기

인터넷에는 여러분이 어디로 가야 할지 알려 주는 지도가 없어요. 여러분이 가면 안 되는 위험하거나 안 좋은 장소를 피하기 위한 몇 가지 제안을 할 테니 꼭 기억하세요.

안전하고 통제된 환경을 선택하세요.

의심스러우면 주변의 도움을 받으세요.

나이를 속이지 마세요.

누군가 여러분을 지켜본다면 고맙게 여기세요.

네 가지 중요한 제안에 대해 더 자세하게 이야기해 줄게요.

어디 갈지 결정하기

인터넷을 신중하게 탐험하세요.

인터넷에는 여러분이 가입하면 안 되는 곳도 있어요.
규칙을 어기고 가입하여 이용하면, 벌금을 물거나
법정 소송까지 갈 수 있으니 꼭 명심하세요.
소셜 미디어 또한 신중하게 사용해야 해요.

공개 기능이 있는 소셜 미디어는 여러분이 모르는 사람들과 만날 수 있게 해 줘요.
부모님은 늘 낯선 사람들과 이야기하지 말라고 주의를 주지요.
인터넷상에서도 그 말을 명심하고 행동하세요. 인터넷 세상은 넓고 끝이 없기 때문에,
만약 여러분을 화나게 하고 괴롭히는 누군가를 마주친다면 주저 없이 떠나세요.
그리고 아래 다섯 가지 조언을 잘 기억하고 새로운 장소를 찾으세요.

 안전하고 통제된 환경을 선택하세요.
합법적인 온라인 게임에는 모든 대화를 관장하며, 사이버 폭력들을 저지하는 관리자와
게임 마스터가 있어요. 하지만 관리가 부족한 몇몇 온라인 게임도 있으니 이런 게임은
되도록 하지 마세요. 또한 좋아하는 연예인의 팬 페이지나 커뮤니티에 가입할 때도,
공식적인 웹사이트와 팬이 관리하는 팬 페이지, 언론사가 조직한 커뮤니티와
한 명의 사용자가 관리하는 커뮤니티 중에서 어떤 곳이 더 안전한지 생각하고 가입하세요.

 의심스러우면 부모님이나 선생님께 물어보세요.
흥미로운 웹 공간이 있는데 가입해도 괜찮은지 의심스럽다면,
부모님이나 선생님처럼 믿을 만한 어른에게 어떻게 생각하는지 물어보세요.

 나이를 속이지 마세요.
웹사이트나 게임 또는 소셜 네트워크에 가입할 때, 절차 과정에서 여러분의 나이를

물을 수 있어요. 그때 나이를 속이고 활동하다가
적발되면, 여러분의 계정이 비활성화돼요.

> **마지막 제안!**
> 어디로 갈지 정한 후,
> 어떻게 할지 생각해 보세요.

 ### 누군가 여러분을 지켜본다면 고맙게 여기세요.

부모님은 여러분이 인터넷을 사용할 때 지켜보기를 원할 수 있어요.
또한 여러분의 스마트폰을 확인하거나, 여러분이 주고받은 문자를 읽어도 되는지
물어볼 수도 있어요. 이는 부모님이 참견하기 좋아한다거나, 여러분이 친구들과 나눈
대화를 검사하려는 것이 아니에요. 여러분을 돕고 어려움에 처해 있는 건 아닌지
알고 싶어서예요. 이 기회에 부모님께 인터넷과 소셜 미디어 사용법에 대해
알려 달라고 해 보세요. 흥미로운 것들을 배우게 될 거예요.

 ### 네티켓을 존중하세요.

모든 커뮤니티에는 저마다 지켜야 할 규칙이 있어요.
예를 들어 여러분이 온라인 커뮤니티에 가입하면, 제일 먼저 자기를 소개하는
인사말("안녕하세요." 정도의 간단한 인사말)을 게시하는 게 예의 바른 행동이에요.
반면 트위터에 자기소개를 올리면 이를 보고 다른 사용자들이 웃을지도 몰라요.
그러니 커뮤니티의 새로운 시스템을 알고자 한다면 FAQ를 꼭 읽으세요.
그리고 어떤 것을 포스팅하기 전에 가입한 커뮤니티의 새로운 환경에 대해 익혀 놓으세요.
그리고 꼭 기억할 것 한 가지! 내가 다른 사람들에게 예의 바르게 대하면
상대방도 그에 맞게 행동한다는 사실! 만약 여러분이 정도를 넘는
무례한 행동을 한다면 곧 차단되고,
사용 금지될 수도 있어요.

방벽 세우기

컴퓨터, 스마트폰, 태블릿은 인터넷으로 들어가는 출입구예요. 이 기기들은 여러분의 일차 방어선이자, 동시에 첫 번째 약점이 될 수 있어요. 그러므로 이 기기들이 직면할 위험에 대응하는 노력을 기울여야 해요.

시스템을 항상 최신 버전으로 유지하세요

인터넷은 하루하루 변해요.

사이버 범죄자, 즉 해커들은 항상 시스템에 침입할 새로운 방법을 찾아요. 그리고 특별한 프로그램을 이용하여 침투할 수 있는 공격 지점을 찾아 끊임없이 분석해요. 동시에 프로그래머들은 취약점을 막고 방어를 강화하기 위해 소프트웨어를 끊임없이 수정하고 개선해요. 이러한 이유로 여러분의 컴퓨터나 스마트폰은 종종 업데이트를 해요. 업데이트는 꼭 해야 해요. 그러나 업데이트를 할 때 출처가 신뢰할 만한지 꼭 확인하세요.
또한 다운로드하기 전에 세부 사항을 주의 깊게 읽으세요. 클릭 한 번으로 해커들의 공격을 받고 심각한 문제가 발생할지도 몰라요.

탈옥하지 마세요

제조사들이 스마트폰에 설정한 제약들을 푸는 것을 탈옥이라고 해요.

탈옥은 오토바이의 속도 제한을 불법으로 해제하는 것과 비슷해요. 오토바이는 기계적으로 시간당 100킬로미터의 속도에 도달할 수 있지만, 제조사들은 안전을 위하여 속도 제한을 두고 있어요. 탈옥은 기기의 제한된 한계를 뛰어넘게 해요. 예를 들면, 아이폰을 탈옥하면 바탕화면을 화려하게 꾸밀 수도 있고, 유료 애플리케이션을 무료로 사용할 수도 있어요. 주의하세요. 탈옥은 많은 나라에서 불법이에요. 왜냐하면 공식 개발자들이 수정 중인 오류를 부당하게 이용하기 때문이에요. 탈옥된 기기는 보안에 더 취약할 수 있고, 기기에 문제가 생겼을 때 애프터서비스를 받을 수 없어요.

보안 프로그램을 설치하세요

안티 바이러스 프로그램은 한때 컴퓨터에서만 사용되었어요.

지금은 컴퓨터뿐 아니라 스마트폰과 태블릿에서도 안티 바이러스 프로그램을 사용해요. 이 프로그램은 여러분의 기기에서 일어나는 일을 분석하고, 여러분이 무엇을 하는지 디지털 스파이가 훔쳐보지 못하게 막아 줘요. 또한 악성 소프트웨어를 설치하는 것도 막아 주지요.

방화벽을 설치하세요

방화벽은 기기를 보호하는 방어 장벽이에요.

보안 프로그램은 시스템에서 일어나는 일들을 분석해요.
방화벽은 인터넷 연결을 분석하고, 전송되는 정보 전부를 확인하여 문제가 없는지 검사하지요.
만약 문제가 있다면 그것을 차단해 줘요. 여러분은 컴퓨터에 방화벽을 설치할 수 있어요.
또한 엄마나 아빠의 도움을 받아서 집에 있는 라우터에도 설치할 수 있어요.
가족이 사용하는 컴퓨터의 인터넷 연결이 언제나
보호받을 수 있도록 말이지요.
이것은 마치 개인 경비원을 두는 것과 같아요.
방화벽은 항상 여러분의 컴퓨터를
안전하게 지키는 역할을 다하죠.

마지막으로, 안전한 인터넷 사용을 위한 것뿐 아니라
어떤 상황에서든 도움이 되는 충고 한마디 할게요.

어떤 일이든 행동하기 전에 정말 괜찮은지 생각해 보기!

부모님께든 선생님께든 수도 없이 들어 봤던 말이지요?
그래도 또 한 번 명심하세요.

계정 정보를
주의 깊게 선택하세요

이메일 계정을 만들 때,
페이스북, 트위터, 인스타그램 등을 시작할 때,
카카오톡이나 네이버 밴드를 사용하고자 할 때,
새로운 온라인 게임을 시작할 때
여러분의 계정 정보가 필요해요.
인터넷을 어느 정도 사용해 왔다면
여러분은 이미 수많은 계정을 가지고 있을 거예요.
각 계정은 비밀번호로 보호돼요.

사용자 이름과 비밀번호를 정하는 것은 매우 중요해요.
왜냐하면 이것이 사이버 범죄자(해커)가
여러분의 신원을 훔쳐 가는 것을 막아 주기 때문이에요.

자, 예를 들어 설명할게요.
여러분은 '지메일(gmail)'이라고 불리는 구글 시스템에서
이메일 주소를 만들기로 결정하고, 다음과 같은
이메일 주소를 만들었어요.
whatsyourname@gmail.com
자, 해커가 여러분의 신원을 훔치기로 결심했다고 가정해 봐요.
그들은 지메일 웹사이트로 가서 여러분의 사용자 이름과 비밀번호를 입력할 거예요.
비록 비밀번호를 모르지만 추측해서 여러 가지를 입력하여 알아내려고 시도할 거예요.
만약 비밀번호를 알아내는 데 성공한다면 시스템은 해커를 여러분이라고 믿게 돼요.
그러면 해커는 여러분의 모든 메시지를 읽을 수 있고,
여러분 주소로 새로운 메시지를 보낼 수 있어요.

비밀번호를 알아내는 것은 시간이 걸리기 때문에
몇 초 만에 수백만 개의 단어를 시험해 볼 수 있는
프로그램이 만들어지고 있어요.
이러한 종류의 해커 공격을 '전수 공격'이라고 해요.
그렇기 때문에 비밀번호를 고를 때 사전에서 찾을 수 있는 단어들,
여러분이 아는 사람들의 이름, 생년월일 등을 사용하지 마세요.
왜냐하면 해커가 여러분의 신원을 훔치기 위해서
가장 먼저 시도해 보는 것이기 때문이에요.

안전한 비밀번호는 길고, 이름과 숫자와 기호가
일정하지 않게 섞여 있는 것이에요.

길고 복잡한 비밀번호를 기억하는 것은 당연히 어려워요.
하지만 까먹지 않게 비밀번호를 공책에 적어 두거나,
또 다른 비밀번호로 여러 개의 비밀번호들을 보호해 주는
특별한 소프트웨어를 사용할 수 있어요.
그러면 여러분은 여러 개의 비밀번호를 기억할 필요 없이
소프트웨어에 사용된 비밀번호 한 개만 기억하면 돼요.

**절대로 하지 말아야 할 행동은 이메일이나 페이스북, 다른 소셜 미디어 계정에
똑같은 비밀번호를 반복하여 사용하는 거예요.**

이렇게 되면, 해커가 여러분의 비밀번호를 한 개만 훔쳐도 모든 시스템에 접근할 수 있어요.
이런 문제 때문에 많은 서비스들이 2단계 인증 시스템을 사용하기 시작했어요.
이 보안 시스템에서는 등록되지 않은 컴퓨터를 통해 이메일(또는 소셜 네트워크)에 접속할 때,
비밀번호뿐 아니라 문자로 전송된 특정 암호를 입력해야 해요.
이렇게 해서 해커로부터 여러분의 계정을 보호해요.

공개 범위를 주의하세요

매번 강조하지만 개인 정보는 매우 중요해요.

새로운 소셜 네트워크나 웹사이트를 시작할 때마다, 공개 범위 설정이 어떻게 되어 있는지 알아보세요. 그리고 내가 원하는 대로 수정하는 방법도 배우세요.
예를 들면 페이스북에서는, 여러분의 타임라인에 쓸 수 있는 사람과 여러분을 태그할 수 있는 사람을 지정할 수 있어요. 이 방법을 활용해, 인터넷에서 누구에게 무엇을 공유할지 사례별로 지정할 수 있어요. 잘 모르겠다면 직접 실행해 보세요.

추천하는 전략은 다음과 같아요.
처음에는 모든 선택지를 최대 보호 수준으로 올리세요.
한동안 시스템을 사용하다가 어느 정도 익숙해지면 몇몇 제한을 하나씩 풀어 보세요.
다시 한 번 강조하지만, 정보를 공유할 때는 최대한 주의를 기울여야 해요.

주의! 개인 정보를 조심히 다루세요

사생활에 관한 단원에서 일부 정보는 더 귀중히 다루어야 한다고 이야기했어요.
바로 여러분의 신원을 확인해 주는 개인 정보예요.
엉뚱한 사람 손에 이와 같은 정보가 넘어간다면 매우 위험해요.
그렇기 때문에 이 정보를 어느 범위까지 공유할지, 언제 공유할지를 매우 조심히 결정해야 해요. 항상 조심할 수 없기 때문에 최선의 방법은 어떠한 개인 정보도 인터넷에 올리지 않는 거예요. 특별한 경우를 제외하고 말이에요. 꼭 올려야 하는 경우에는 어른들의 도움을 받으세요.

주의! 사진과 동영상을 공유할 때 주의하세요

사람들은 사진과 동영상을 보고 여러분과 다른 이들을 알아볼 수 있어요.
보다 주의 깊게 살펴보면 여러분이 언제, 어디서 사진을 찍었는지 등 더 많은 정보를
알아낼 수 있어요. 사진과 동영상에는 촬영 날짜와 시간 정보뿐 아니라
촬영 장소도 함께 저장될 수 있어요. 경우에 따라서 이러한 정보가
안 보일 수도 있지만, 전문가는 쉽게 이 정보를 찾아낼 수 있어요.

사진과 동영상을 인터넷에 올릴 때 주의를 기울이지 않으면,
이 일로 여러분이 곤경에 빠질 수도 있어요.

우리 모두 거짓말이 나쁘다는 것을 알아요.
또한 모든 규칙에는 예외가 있다는 것도 알고요. 파올로는 루시아에게
숙제 때문에 생일 파티에 가지 못한다고 거짓말했어요. 그런데 바로 얼마 후
다른 친구와 놀고 있는 사진이 인터넷에 올라왔다고 상상해 보세요.
생일 파티에 초대했다가 거절당한 루시아는 기분이 상할 것이고,
파올로에게 화가 났겠지요. 또 다른 예를 들려줄게요.
매주 토요일마다 파올로는 공원에 가요. 그리고 갈 때마다 공원에 있는 모습을
사진으로 찍어 인터넷에 올리지요. 그 사진을 보고 누군가 파올로를
어디서 만날 수 있을지 알아내 짓궂은 장난을 칠 수 있어요.
그렇다고 여러분에게 절대 사진과 동영상을 인터넷에 공유하지 말라고
하는 것은 아니에요. 공유할 때 주의하라는 것이지요.

주의! 위치 정보를 조심하세요

위치 정보는 스마트폰과 여타 기기들의 기능 중 하나예요.
여러분이 어디에 있는지 다른 사람들에게 알려 주는 용도로 사용하지요.

많은 인공위성들이 지구 궤도를 돌고 있는데, 스마트폰은 이 인공위성들과 연결되어 있어요. 그래서 인공위성과 통신하며 여러분의 기기 위치를 거의 정확하게 알아낼 수 있어요. 위치 정보는 중요하고 매우 유용해요.
자동차의 GPS 내비게이션을 작동시키고, 여러분의 스마트폰이 도난당하거나 어딘가에서 분실했을 때, 위치를 추적해서 찾게 해 줘요.
그 밖에도 위치 정보를 이용해 재밌는 정보를 알아낼 수 있어요.
달리는 걸 좋아하는 사람들이 스마트폰을 가져와서 달린 거리, 달린 속도 등을 친구와 공유할 수도 있어요.

하지만 기억하세요.
모든 사람들에게 내가 어디 있는지 알려 주는 것은 때에 따라서 위험하기도 해요.

부모님이 밤에 외출할 때 도둑을 막기 위해 집에 불을 켜 두는 것을 본 적 있나요?
다음 이야기를 한번 읽어 보세요.
여러분이 페이스북에 올린 내용을 보고, 도둑은 여러분 가족이 집을 비우고 휴가 간 사실을 알아낼 수 있었어요.
도둑은 이때가 기회다 싶어 여러분 집을 몰래 침입하겠지요.

다른 사람들의 말을 믿지 마세요

때때로 사람들은 자신의 진짜 신원을 숨겨요. 여러분도 가끔 그렇게 하고 싶을 거예요.

인터넷에서 모든 사람에게 여러분이 누구인지 알리는 것은 별로 좋은 행동이 아니에요. 인터넷의 익명성은 국가나 조직에서 박해받는 사람들이 자신들의 주장을 계속 말하고, 쓰고, 투쟁할 수 있게 해 준다는 점에서 굉장히 중요해요. 그들은 자신들이 어디에 있는지, 누구인지 알 수 없다는 점을 이용해요. 표현의 자유가 부족한 국가에서 신원을 숨기는 행위는 반대 세력을 조직하고, 진실을 이야기하는 도구로 사용돼요. 또 범죄 목격, 내부 고발 등을 할 때 제보자의 신원이 노출되지 않아 도움이 필요한 사람들을 보호할 수 있어요.

> 인터넷에 보이는 모습과 실제 모습이 **항상 일치하지는 않아요.**

하지만 익명성은 부정적인 면도 있어요.

인터넷에서 다른 사람과 대화할 때, 내가 대화하는 사람이 진짜 그 사람인지, 아니면 그를 흉내 내고 있는 사람과 대화하는 건 아닌지 알기 어려워요.

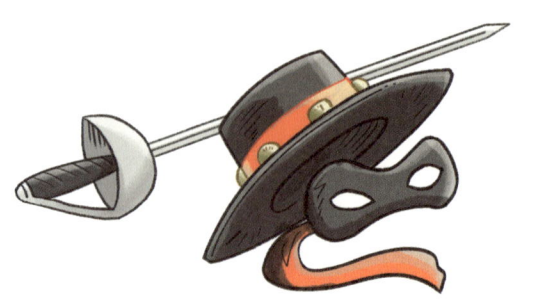

여러분은 친구에게 메시지를 보냈다고 생각하지만, 어쩌면 실제로 메시지를 받는 사람은 사이버상에서 나쁜 짓을 하는 사람일지도 몰라요. 온라인 게임에서 같이 이야기를 나눴던 조로라는 친구가 사실은 학교에서 한 번도 대화를 나눈 적 없는 3학년의 짓궂은 에드워드인지 여러분은 알지 못해요.

잘못된 내용을 쓰고, 다른 사람들에게
사실이라 이야기하며 공유하기도 해요.

믿을 수 없겠지만 정말 많은 사람들이 인터넷에서
터무니없는 내용을 작성하며 재밌어해요.
그들은 특정인이나 특정 범주의 사람들을
곤란하게 만들기 위해 이런 행동을 해요.
예를 들어 볼게요.
"눈병에 걸린 사람을 쳐다보기만 해도 눈병이 옮습니다."
이 글을 본 사람들은 눈병에 걸린 사람을 쳐다보지도 않을 뿐 아니라
가까이 가려고도 하지 않을 거예요.

여러분이 인터넷에서 찾은 정보가
사실인지 확인하는 게 우선이에요.

검색 엔진에 들어가 '눈병 전염병 거짓말' 등의
검색어를 입력하세요. 검색 첫 페이지 결과에서
그것이 거짓이라고 경고하는 내용을 찾고,
거짓말을 입증할 만한 설득력 있는 증거를 발견한다면
그 글이 거짓임을 알 수 있어요.

> 인터넷에는
> 흥미롭고 유용한 콘텐츠 외에도
> 사실이 아닌 터무니없는 것들도
> 엄청나게 많이 있어요.

> 정보를
> 사실로 받아들이기 전에
> 의문을 갖고 확인하세요.

인터넷 밖 세상은 더욱 멋진 곳이에요

인터넷에 온갖 재미있는 정보들이 많다고 컴퓨터 앞에만 있으면 안 돼요.

인터넷은 유용하고, 재밌고, 굉장한 곳이에요.

하지만 인터넷 밖 세상은 더욱 놀라운 곳이에요.

바깥세상이 빠진 인터넷은 빈 껍질일 뿐이에요.
인터넷은 바깥세상에 있는 모든 것의 기록 보관소이지만,
우리와 함께 숨 쉬는 현실 세계가 아니기 때문이에요.

인간의 모든 역사를 통틀어 지금처럼 빠른 속도로 의사소통이 가능했던 적이 없었어요.
지금은 클릭 한 번으로 중국에 있는 친구에게 영상통화를 걸 수 있고,
직접 가 보지 않고도 친구가 사는 집을 구경할 수 있어요.
이것은 정말로 신기하고 멋진 일이에요. 그렇지만 기억하세요.
중국으로 직접 여행을 가서 확인해 보는 것이 훨씬 더 신나는 경험이라는 것을요.
온라인 게임도 재밌지만, 운동장에서 친구들과 땀 흘리며 하는 공놀이도 즐겁다는 걸 잊지 마세요.
여러분이 좋아하는 유튜브의 영상들도 챙겨 봐야겠지만, 책도 읽으세요.
인스타그램에서 사진도 공유하고, 스케치북 위에 직접 그림도 그려 보세요.
호기심을 가지고, 눈을 크게 뜨고, 주변에서 일어나는 모든 것에 관심을 가져 보세요.
온라인과 오프라인 모든 공간에서요.

꼭 기억하세요!

인터넷을 사용할 때 이것만은 꼭 지켜요!

- 부모님의 동의 없이 인터넷을 통해 직접 사람을 만나지 않아요.
- 부모님의 동의 없이 부가적인 요금을 내야 하는 정보나 게임 등을 이용하지 않아요.
- 인터넷 채팅을 할 때 이름, 주소, 학교 등 개인 정보를 알려 주지 않아요.
- 저작자의 허락 없이 저작물을 인터넷에 올려 저작권을 침해하지 않아요.
- 인터넷 게시판에 글을 쓸 때는 네티켓을 지켜요.

사이버 폭력 예방을 위해 이것만은 꼭 지켜요!

- 인터넷에 저작물을 함부로 올리지 않아요.
- 컴퓨터는 개방 공간에서 가족과 공유하여 사용해요.
- 모르는 사이트에서 채팅을 하거나 사진을 주고받지 않아요.
- 모든 사이버 기기는 상대방을 고려하고 존중하는 방식으로 사용해요.
- 인터넷에서 바른 언어를 사용하고, 타인을 욕하거나 근거 없는 소문을 쓰지 않아요.

사이버 폭력 대처 방법, 꼭 알아 둬요!

- 가해자의 행위를 원하지 않는다는 의사를 분명히 밝혀요.
- 혼자서 해결하려 하지 말고 부모님, 학교 선생님 또는 전문 기관 등에 도움을 구해요.
- 원하지 않는 메일이나 쪽지, 메신저 등에는 답변하지 말고 보복 대응하지 않아요.
- 사이버 폭력을 당하는 것이 자신의 탓이 아니므로 자책하지 않아요.
- 대화시 상대방의 무리한 요구에 응하지 않아요.

사이버 폭력 예방 및 해결에 도움을 주는 기관들

(재)푸른나무 청예단	www.jikim.net	02)558-0098
(재)푸른나무 청예단 학교폭력SOS지원단	www.jikim.net/sos	02)598-1640
(재)푸른나무 청예단 전국 학교폭력 상담전화	www.jikim.net	1588-9128
서울시립청소년미디어센터	www.ssro.net	02)795-8000
청소년미디어치료상담센터	www.misocenter.or.kr	02)793-2000
청소년상담 1388	www.cyber1388.kr	국번없이 1388(또는 110)
Wee 학생위기상담 종합지원서비스	http://wee.go.kr	
한국방송통신심의위원회(인터넷피해구제센터)	www.kocsc.or.kr	국번없이 1377
한국인터넷진흥원	www.kisa.or.kr	118
한국정보화진흥원 스마트쉼센터	www.iapc.or.kr	1599-0075
안전Dream 아동.여성.장애인 경찰지원센터	www.safe182.go.kr	국번없이 182 또는 117
경찰청 사이버안전국	http://cyberbureau.police.go.kr	182

사이버 폭력 스마트폰 서비스

117chat(학교폭력신고센터)

상다미쌤(카카오톡을 통한 전문 상담사의 실시간 상담)

자료 제공 : (재)푸른나무 청예단(청소년폭력예방재단)

사생활 설정과 차단하는 방법

페이스북

페이스북 타임라인 오른쪽 위에 있는 자물쇠 아이콘을 눌러 사생활 공개 범위, 연락, 차단 등을 설정할 수 있어요.

- 나의 친구 리스트를 볼 수 있는 사람
  (공개, 친구만, 친구의 친구, 사용자 지정, 나만 보기)
- 내가 태그된 게시물과 사진 검토하기
- 과거 게시물에 대한 제약 설정
  (친구의 친구 또는 전체 공개된 게시물을 친구들에게만 공유하도록 변경할 수 있다.)
- 나에게 친구 요청을 보낼 수 있는 사람
  (모든 사람 또는 친구의 친구)
- 이메일 주소, 사는 곳 등 나의 개인 프로필 정보를 볼 수 있는 사람
- 나를 검색할 수 있는 사람 설정
  (검색 엔진, 이메일 주소, 전화번호를 각각 설정)
- 내 타임라인에 글을 쓸 수 있는 사람
  (나만 또는 친구)
- 내 타임라인을 볼 수 있는 사람
  (모두, 친구, 친구의 친구)
- 내가 태그된 게시물을 볼 수 있는 사람
- 사용자 / 앱 / 초대 / 팬 페이지 차단하기
  나의 페이스북 댓글을 지우거나 숨기려면, 커서를 댓글의 오른쪽 위 구석으로 옮겨 'X' 글자를 클릭하세요.

인스타그램

주의: 이 기능은 오직 앱에서만 가능하고 컴퓨터에서는 안 됩니다.

아래쪽 하단 메뉴에 있는 사람 모양 아이콘을 누른 후, 오른쪽 상단에 있는 세로 점 세 개 아이콘(:)을 누르세요. 그리고 설정을 누르세요.

- 비공개 또는 공개 계정 설정
- 인스타그램 앱을 통해 트위터나 페이스북 계정과 연동해 친구 찾기
- 부적절한 댓글 숨기기
  사용자를 차단하거나 신고할 때에는, 그 사용자의 프로필로 가서 역시 세로 점 세 개 아이콘(:)을 누르면 됩니다. 댓글을 지우거나 신고할 때는 해당 코멘트를 눌러 선택한 다음, 오른쪽 위 동그라미 안에 있는 느낌표가 그려진 아이콘을 누르세요.

카카오톡

- 보안 설정하기
  카카오톡 화면에서 설정(톱니바퀴 모양)을 눌러요. 개인/보안을 누른 후 화면 잠금을 찾아 선택해요. 비밀번호가 나오면 밀어서 활성화시켜 준 후, 사용할 비밀번호를 설정해요.
- 친구 차단하기
  친구 목록에서 친구 탭을 누르세요.
  차단할 친구를 몇 초간 누르고 있으면 팝업창이 떠요. 팝업창의 차단 메뉴를 클릭하면 친구 목록에서 삭제돼요.
- 차단한 친구에게 카톡 프로필을 비공개로 하기
  오른쪽 상단 세로 점 세 개 아이콘(:)을 누르세요.
  친구 〉 차단 친구 관리 〉 관리 〉 메시지 차단, 프로필 비공개 설정
- 친구 추천 목록 끄기
  오른쪽 상단 세로 점 세 개 아이콘(:)을 누른 후, 친구 관리로 이동하여 친구 추천 허용을 꺼요.
- 단체 채팅방 초대 거부 및 나가기
  채팅방의 오른쪽 상단에 있는 가로 줄 세 개 아이콘(≡)을 누른 후, 설정(톱니바퀴 모양)을 누르면 채팅방 정보로 들어가요. 제일 아래쪽으로 내려가면 '초대 거부 및 나가기'가 있어요. 그걸 누르면 채팅방에서 나가게 되며, 사람들이 그 방으로 더 이상 초대할 수 없어요.

트위터

사생활과 차단 설정에 접근하기 위해, 타임라인 오른쪽 상단 구석에 있는 나의 아바타 아이콘을 클릭하세요.

- 다른 사람이 나를 사진에 태그할 수 있도록 허용 (설정 〉 보안 및 개인 정보 탭을 선택하세요.)
- 내 트윗을 비공개 / 공개 설정
- 트윗에 위치 정보 추가 여부
- 다른 사람들이 이메일 주소로 나를 찾을 수 있도록 허용
- 모든 사용자로부터 또는 나의 팔로워로부터만 쪽지 받기
- 다른 사람 계정 차단하기
- 타임라인에서 다른 사람의 트윗 숨기기

네이버 밴드

밴드의 관리자는 특정 멤버을 탈퇴시킬 수 있을 뿐만 아니라, 재가입도 차단할 수 있어요. 밴드 설정 관리에서 멤버 탈퇴, 차단 설정을 클릭하세요. 사용자 목록에서 특정 멤버를 강제 탈퇴시키거나 강제 탈퇴 후 차단할 수 있어요.